Notes / Ex

Débrouillaminis

Toi qui va lire ces poésies postmodernes, tu peux, pour mieux adosser ton plaisir, mettre ta lumière intime pour que s'éclairent les poésies. Je crois que les arcanes (mythes, rites et symboles) de notre solide Voie maçonnique sont ambigus, équivoques et enchevêtrés. Les décrire est pauvreté ; les faire retentir en soi est richesse. Une poésie maçonnique, me semble-t-il, fuit la description plate et morne des dictionnaires. Elle pratique une obscurité de mots, de phrases, pour faire éprouver les émotions, comme tu les sens. Aussi, tu dévoileras dans ces textes quelques procédés que j'ai utilisés, un peu comme la lueur de l'Initiation : la bougie ne compte pas ; la flamme scintille dans l'âme, en profusion de sens, les tiens. Pour t'inspirer des émotions salvatrices dans ta Voie.

Voici les pratiques en question :
- *Le vers libre : pas de longueur ni de pieds attitrés, comme dans la poésie traditionnelle. Mais de la ponctuation comme l'archet du violoniste.*
- *Ce vers libre, je me suis efforcé de le rendre musical : sa longueur varie d'une ligne entière à trois mots. Il joue sur les rythmes, les sons qui se chevauchent, s'appellent les uns, les autres. Les césures comme des paragraphes, annoncent une idée différente.*
- *Des mots longs et rares. Définis-les si tu t'interroges, mais ce sera ton luxe.*
- *Des mots étranges : je n'en avais pas d'autres sous la main. Ils sont, dans leur contexte, néanmoins,*

sinon compréhensibles, du moins sensibles. Car l'émotion prime dans la quête. Parfois, je fus sec pour tambouriner à ta porte ; tu l'ouvriras si tu en as envie.

Ces poésies postmodernes, ce sont des constellations : Les mots, dans toute langue, se parent de plusieurs sens « contextuels » comme le disent les linguistes. Ils appellent des émotions variées, au-delà du premier sens. Exemple français typique : le mot « amour » qui résonne dans les têtes et les cœurs de mille manières. Je cherche à te proposer des « déclencheurs » de tes émotions, au-delà de ce que tu comprends avec ta tête. Le sens usuel est secondaire.

Pas du lexique, mais de la musicalité. Aussi, prends ta baguette pour faire naître ton orchestre sensible. Comment ? En laissant filer ton inspiration. Pour cela, je te recommande, de lire avec les yeux, bien sûr mais aussi avec la bouche : murmure, fredonne, chuchote ou même maugrée ! Ta liberté d'inspiration dans les champs constellés de sens, les énigmes faciles des néologismes, la musicalité de tes notes : comme il te plaira ! A toi de te faire poète pour inventer, descendre et respirer. Je pars…

Je te souhaite surprises, accords harmonieux et joies.

www.editions-lol.com

L'auteur

Jacques Fontaine compte un peu plus de 50 ans d'engagement maçonnique. Il croit que la Voie maçonnique recèle des trésors encore à découvrir.

Dans ses conférences, ses 40 ouvrages et plus, il s'efforce de mobiliser pour « *Une spiritualité pour agir* ». Avec cette devise, il n'a donc rien inventé mais milite pour le désir de sa mise en œuvre effective.

Il se veut anarchiste et aime tous les animaux, ce qui lui semble fort compatible. Il se sent en harmonie supposée avec ce qui le dépasse. Il n'a pas de voiture de fonction.

Le Maillet

A la frappe tintinabulesque du maillet ensanglanté
en larmes de pierre.

Tape et cogne et sonne
Sur ton plateau
Qui gémit sous les ordres fulminants
De la grande comédie
Que sans pudeur, tu donnes à voir.

Il s'éveille et se lève,
Se maintient dans l'air épais
Aux foulées rituelles.
Il s'abat,
Vain et distendu,
Perçu par les oreilles
Comme un vacarme de loi.
Austérité ?
Soumission ?

« Mets-toi bien ça dans la tête ! »
Cet hurluberlu de maillet,
Dans son gigantisme prétentieux,
S'abandonne dans les délices duveteuses
De la pédagogie,
Celle de la tête baissée.

Vois ton Surveillant :
Il frappe !
Ravi et séduit dans la morne répétition
D'un maillet

Qui geint avec vulgarité et sincérité.
Tant pis ! Peut mieux faire !

« Comme la treille orangée
Des mots lardés de convictions,
Maillet,
Tu te balades dans les airs,
Intimant le bleu des croyances,
Dans les parures de silence. »
Loge muette ? Point !
Le charivari des cœurs
S'accorde sourdement.
Alors, la colonne réanimée,
S'emballe.

Que ne suis-je marteau !
Assouvir ma colère et ma haine ancestrales
Sur la pierre qui me congédie,
En suintant les débris.
Ciseau, maillet,
Le couple infernal et ludique
De l'agressivité :
Elle dégouline dans les interstices, et hurle…
En catimini.

L'Orateur et l'Hospitalier

« Frère, Sœur, en tes leurres et tes bandeaux,
Narre-moi l'enfançon que tu fus,
Avec tes cris et tes sourires dédiés.
Médite,
Les yeux cillés de vérités d'échafaud.
Rappelle-toi tes révérences
Aux potiers modeleurs
De ta gerbe de vie imprête à ta moisson.
Tu poussas et crus dans les runes délavées
Des relations ternaires.

Ton héritage génétique,
Socle hagard, réifié en Nature,
Te fournit la consistance des aventures du vivant.
Risible de déterminisme, scellé aux clous du destin,
Ton génome, bruissant comme un fantôme,
Te claqua le bec en grivoiseries maléfiques.
Notre Voie n'en peut mais.
À ce propos, elle se tait,
Sur tes gènes hérités.

Alors, les sons et les couleurs bêtasses ou criardes
Te brassent et t'insinuent la méticulosité des mondes
vastes.
Paquet d'os et de lymphe, tu vis
La symbiose pertinente de tes sens.
Par eux tu accèdes au monde des alentours
Fais-les chanter en tenue. Tu le sais,
C'est une demande expresse qui ligote et libère
l'initié.

Puis, ces créatures, ta mère, ton père, immenses,
Ombreuses et hilarantes ;
Elles t'encernent et te serrent dans leurs tentacules
Bien-être, chaleur, aise
Dans l'orphelinat des cris, colères et clameurs.
Jeune singe nu[1], adosse-toi au chambranle de ces
yeux
Lézardés de cataractes de tendresses. »
Les deux colonnes de la vertébralité de l'hominidé
vagissant ?
En brève capture, le SOIN et la LOI.
Les deux phares de ta vie future.

Nos Anciens chenus ont creusé les marécages
Et grimpé aux pics filandreux
De notre espèce, laminée par une conscience
imberbe.
Inspirés par nos démons noirs et par nos elfes bleus,
En plein brouillaminis du col initiatique
Ils ont accouché, dans le sérieux des messieurs et des
rires décapants,
Le bronze de l'incubation tâtonnante de l'adulte.
Ils ont osé les symboles du Soin et de la Loi.
La Loge, en tenue nous montrent, imperturbables
Ces deux pierres brutes, fondements de la vie, la
Voie.:
L'Hospitalier qui se frappe le cœur, là où est le génie[2]
Des gracieusetés affectueuses : Le SOIN.

---

[1] *Le singe nu* Ouvrage de Desmond Morris. 1967. Une lecture éthologique de l'homo sapiens. Fondateur.

[2] « *Frappe-toi le cœur, c'est là où est le génie* » Victor Hugo.

L'Orateur qui gronde, en tourbillons gelés, pour la
LOI ;
Tout est dit du bonheur avec eux deux.
Mais ces deux symboles sont plus touffus qu'il n'y
parait,
Loin du dualisme meurtrier :
L'Orateur, outre la Loi, son premier emblème
Frôle aussi le Soin aux ailes de sa mission,
Car la Loi nous protège des avatars puants
Des trublions et surtout de soi-même.
L'Hospitalier, lui, frôle la Loi, aux ailes de sa
mission :
Le devoir de Fraternité, en obéissance due,
Est une obligation trompettée.

Que s'érige ainsi, dans le brouillard vague et
chevelu,
Notre temple intérieur brinquebalant
D'où les souris[1] s'échappent dans la pagaille de la
sagesse heureuse.
Dégoulinade honteuse de facilité :
Orateur, Hospitalier, c'est clair !
C'est une simplicité de nonchalance :
Tout est enchevêtré, complexe et babillard.
On invente à tout va :
« L'Orateur, la thèse, L'Hospitalier l'antithèse et le
Vénérable, la synthèse ».
Pour vivre en câlineries délicieuses[2] et en pointes
acérées.

---

[1] « *Souris* » En ancien français : « Sourire ». Rien à voir avec l'abbé éponyme ;

[2] Friedrich Hegel (1770-1931) et Gottlieb Fichte (1782-1814) Amis,

Arrêtons là le ronron de l'érudition philosophale,
Profane qui nous agace de délits présomptueux,
Pour scruter, à l'horizon vert, les émotions qui
transpercent
Le mur de notre raison fallacieuse.
Enracinons-nous aux émotions de l'enfant,
Notre histoire. Et descendons.

La Loi est un charançon qui trottine
Sur les crêtes de nos désertions
Garant ultime de notre soumission
Cabrée et tissée de fils de repos,
L'Orateur, en sa qualité, décide en souverain.
Dans le brouhaha confus des bavards impénitents
Glorifiés dans leur droit de musarder.
En requête du Vénérable, soumis à la LOI,
L'Orateur, baudrier et bouclier en cime de la tenue,
Est alors un sombre requin édenté.
« Pas de ça, Lisette ! » menace-t-il, pour arrêter les
paroles
L'obéissance requise ferait-elle donc partie de la
Voie ?
Quand, en fin de tenue, l'Orateur ramasse les
cailloux
En quelques mots sans diatribes ni louanges.
Puis en un dernier cri d'apothéose,
Il se rengorge en humilité consommée :
En trois mots : « J'ai dit » qui clôt les lèvres trop
gourmandes.
Rien ne peut entraver les voiles dans le vent

---

pardonnez-moi ce repiquage en toute dialectique.

Je dois accepter et me taire
La Loi est référence dans la ruche vacillante,
bourdonnante
Des Hommes, en soif de quête de lueurs
Dans la paix vicinale.
La Loi, sirène et gorgone,
Me chapeaute et m'enhardit
Sur les chemins balisés, dans les rouges lampions de
la révolte.
La Loi pose les barbelés intimes.
Plus de blessures ; on est régulier[1] ;
Protégé par les interdits où se mirent, en
complaisance tue, nos saletés.
Bref la Loi, c'est aussi, au fond, le Soin :
Fixer l'interdit et, par-là, protéger des errances.

Le Soin, porté par le Frère Hospitalier en baisers de
catimini,
Ne nous frotte pas l'échine
Comme son amant l'Orateur.
Il veille et panse les blessures,
Dans la réalité des artifices d'un cœur éperdu.
Il embrasse sur la bouche mais ne viole pas
Le secret des douleurs et des poignances,
À la même gouverne que l'Orateur,
L'Hospitalier chante les limites du museau
De la mère-Loge allaitante.
« Il en faut pour les autres », clame-t-il en silence.
Car le Soin, c'est aussi la Loi :
Il secourt, rassérène, sans publicité

---

[1] Régulier : Rien à voir avec l'éminente sottise de la régularité maçonnique.

Jusqu'au point où serait volée
La responsabilité du quémandeur.
Dans les complicités de haut parage
tintinnabulesques
L'Hospitalier recueille l'avis du Vénérable.
Sans maugréer, il timbre sa palinodie :
« Fay ce que dois advienne que pourra »
Le devoir de fraternité? Voilà notre étoile !
Dans les longs empans de notre Voie de Maçon
L'Hospitalier cadenasserait-il les Sœurs, les Frères
Assourdis de meurtrissures ?
Le mendiant ne polit-il pas sa honte dans la piécette
qui tombe ?
L'Hospitalier ne guigne pas les « merci ».
Il les enveloppe, les empaquette
Dans l'égrégore, chimère du Haut Atlas embrumé ;
Ébouriffades dans la compassion, la charité et la
confiance.

L'Orateur ? Il bat avec un cœur d'airain.
L'Hospitalier ? Il empathise avec le devoir résolu.
Pile et face pour l'écu d'or,
Dans les jeux fous de la conscience :
Je t'aime et je le dois pour que perdurent tes canines
blanches
Éclaboussées de gratitude.

Le Vénérable, l'Orateur et l'Hospitalier,
Les trois mannequins de notre paysage, au beau
salut du chemin.
Le Trois salvateur de nos girouettes agacées par la
brise et la bise

Unit les serpentins intérieurs et dévolus,

Paf ! Ça coince à l'Orient, en fortes souffleries.
« Secrétaire, morne trublion de la messe maçonnique,
Descends et va te mêler aux heurts des égos,
Sur une colonne. Écoute, note sans frémir ».
« Et toi, Hospitalier, tremblant de confusion tendre,
Gravis les degrés de l'Orient.
Non, la marche n'est pas haute pour toi !
Aurais-tu le dernier mot après l'Orateur essoufflé ?
La Chambre du Milieu bourgeonnera la réponse ».

Les trois officiers, juchés sur leur cheval,
Non d'orgueil mais de rose apothéose,
Ne ratiocinent pas.
Ils incarnent, dans une fresque époustouflante
Pour les émoluments du cœur et du ciel,
Le modèle pérenne et intransigeant
De l'amour fraternel.

L'Atelier du Trait

Atelier du Trait,
En gésine des horizons maçonniques.
Trois bordures de graphite linéamenteux.
Elles font éclore le triangle ruisselant de proportions
sacrées ;
Attention, danger !
La mesure mathématique, inique,
Cogne à l'huis baillant des souvenirs.
Le dessin, désiré, lui, allonge mollement les côtés :
Tu ne fais que t'y répondre !

Appauvris-toi
Aux grandes lueurs estomaquées
De la sobriété.
Honnie soit l'équerre !
Alliance aristocrate du compas entêté
Avec la règle, le crayon,
Serviteurs ébouriffés
Des mains qui cèdent sans veulerie.
Et, là, le carré blanc
Que d'obscurs ignares nomment « page »
Ton monde découpé au cordeau du hasard,
Installe-toi chez toi.
Délices muettes.

La mandorle ?
Le passeur des grandes aires,
Etendues et libres,
Ligotées par les sarcasmes.
Entre l'orgueil et l'humilité,

Qu'elle passe par sa mandorle.
Et ainsi elle découpe son monde.
Dans les cymbales harmonieuses
De la tête vide et glorieuse
Elle passe ; elle est passée.
Ébaubie par tant de poignards,
Elle pleure, désespérée, affectée et attendrie
« Je n'y arriverai jamais ! ».
Elle pleure, bouleversée, touchée et attendrie.
« Comme c'est beau ! »

Le Trait perce, vrille et pénètre.
« Pourquoi pleures-tu ? »
Je palpite dans la jointure de mes abysses,
De mes émotions nues.

La géométrie : Les deux droites s'acoquinent en
angle droit.
Dessin: le fil infini découpe l'univers en deux.
L'or spirituel éclate ailleurs :
Dans la mise à l'encan des deux droites factieuses.
« Ne trouve-tu pas, en toi, le ciel et la terre ? »
« Ver omnipotent, je me dresse et je me couche. Ma
peau nue frissonne alors de l'improbable,
L'insaisissable,
L'ineffable.
Pour que naissent, dans le firmament,
Dans les souterrains glauques,
De grandes choses imparables et indicibles,
Dans le cul de sac de mon esprit
Éventré.

Dans l'errance des marécages de l'âme,
Mon compas-tête tâtonne dans le salmigondis de
mes secrets.
Essaie encore, encore
Comme les pattes du pluvier
Qui tricotent lentement sur la grève.
Alons vers l'insu, le sens, l'idéal marmonné.
Misérable fourvoyeur !
Laisse, nu de toute vérité.
Allez, commence
Puisque tu as tout séparé
Dans ton massacre linéaire.

La ligne tracée, tu l'as faite
Mais elle n'a ni queue, ni tête.
Pose tes limites.
Tu sors de ton univers ?
Bah !
Ton inconscient est redondant
Dans les espaces incréés.
Bouche bée : Sorcellerie.
Ça claque, ça jaillit, ça coule,
Aux origines, à la Nature… ?
Accueille !

Le Vénérable[1]

Aux urnes concassées de la dévotion inaudible,
Le Vénérable impose sa mine désuète
Du haut des marches impériales
L'hominidé est un enfant
Dont la soumission est un sucre d'orge.
Rien n'y fait : celui qui détient la loi
Protège aussi
Dans un dilemme parfois réussi.
Référence muette et obligée
Pour courber l'échine accordée
Dans la meute des humanimaux.
Pas de rébellion contre le mâle dominant.
Dans le contrepoint
De la dévotion meurtrière au père[2].

Se libérer dans la douceur du poignard
Ancré aux vertèbres sacrificielles.
Arracher ce joug qui nous enserre
Dans la moiteur des harpes fraternelles.
« Tu seras libre, mon fils »
Hé, Rudyard, dans quel charroi nous balades-tu,
Avec tes versets coraniques et anglais ?
Grimpe plutôt sur l'escabeau
De l'assomption de la paix.

D'abord, percer d'une sagaie affûtée,

---

[1] Pour vous, mes Sœurs : **LA Vénérable**
[2] Dans la famille traditionnelle, c'est le père qui détient le Loi. Ou son représentant symbolique (Hiram). La mère peut participer à cette détention de la Loi, moins souvent.

L'Homme-loi qui m'apprit,
Pas à s'aider mais à céder.
Devant les mirlitons des gloires en papier.
Hiram en charpie ? Ben oui !
Ç a soulage les pattes engourdies,
En résidus cardiaques de l'automne.
Gausserie collective des Frères affectueux,
Dans le partage équivoque
Du tenace évangile meurtrier.

Ensuite, voler sans vergogne
Le membre craint et adulé de mon papa-Loi.
Pas de mirifique procès à la mode

Je le dis avec pesance, une fois encore :
« Castre-le et vole ce symbole
Aux rides érigées en bannière
De la virilité ourdie de complots. »
Usurpateur de mes tendretés rituelles,
Je cache dans l'architecte relevé,
L'outrance de mon désir d'enfant.
Avaler d'un trait le jus amer de la Loi,
Sans jusquiame ni rodomontades.
Des baisers comme des baumes
Sur la plaie de son et de sang.

Au fronton delphique,
La gravure d'une supplique :
« Meden agan »[1]
« Fais gaffe, petit Frère,

---

[1] « *Meden Agan* » soit, en français « *Rien de trop* »

Ne farfouille pas trop les chairs.
Supprimerais-tu toute la Loi,
Tu gommerais la Force en toi ! »
Alors la Sagesse quémandera
Les pépiements de ton esprit,
Dans sa route vers la Beauté du monde inclus.
Pardonne-toi, en confuse perdition :
Brandis le membre fatal et hurle
Dans la tiédeur vaine de la Chambre du Milieu :
« Voyez et amadouez ma colère
Car le vis est en moi,
La vie aux traîneaux de la Voie
Est en moi ! »

Enfin va dans les cuvées et les tranchées,
En vainqueur-soumis et adoubé :
Le Vénérable assume, en toute inconscience,
La composition qu'il joue dans la palinodie sacrée.
Pas un chef, un responsable
Aux galons rouges et bleus,
De la bonne entente aux parfums mielleux et
moelleux
En caution de l'Orateur, il veille aussi à la Loi
Vêtue de rituel, impassable, imparable.
Quand le forceps des naissances
Camouflé dans l'origan du meurtre,
Adoube les brassées jaunes de la soumission.

Dans les draperies des aurores d'iris,
Baisse la tête,
Pour un regard
Fier et doit

Le Delta

Équilibré dans la moiteur des regards,
Il envoie, sans conteste,
La solennité des bambous dressés ;
Aux ris impalpables de l'entrée en lumière.

Œil qui décline en dévalant la pente de ses rayons.
Tu dardes sur moi les désirs brouillés.
La perceuse me pénètre
Comme un lourd tapis de secrets saccadés.

Œil qui voit et sait tout,
De l'araignée aux entrelacs des neurones passeurs,
Aux mammouths des algorithmes
Qui écrasent nos silences enrubannés.

« Œil, toi, dont la cornée se déplie comme un
mouchoir mouillé
Pour exulter sur l'écorce d'un bouleau,
Où es-tu ? »
« Je ne suis pas encore, répond-il,
Dans les plis d'un sourire engoncé ».

Œil qui veille aux lisières nébuleuses
De mon être attendri et agenouillé.
Il me réchauffe en pleine turbulence.
Œil, protège-moi sous
L'ombre tamisée des vérandas de mon mutisme.

Œil jeté là, arraché du corps du monde,
Aux battements de paupières

Qui m'invitent à entrer
Dans le landerneau sacré.
Au fond de moi,
Des trésors en paillettes.

Œil du soir
Qui caresse jusqu'à la jouissance.
Œil de la loi.
Il retient le désir éjaculatoire.

Cornegidouille !
Le triangle divin serait-il clin d'œil ou opportunité ?
Clin d'œil
Aux muséographies des besoins obscurs,
Aux désirs rocailleux,
À toute cette phraséologie patatante.
Conscience, fous-moi le camp !
Vole dans les sentiers de la gloire
Des philosophes incrustés dans les mots.

Où es-tu, tripode de la Franc-maçonnerie ?
Entre la lune et le soleil ?
Rien qu'une maladresse, un plantage de clous !
En regard de la voûte étoilée ? A l'Orient ?
Pour corporiser la fuite salvatrice,
Tumorale des planètes ?
Plus simple encore : au-dessus du Vénérable
Débusqué dans une attitude arrogante,
Pyramidale.

Tes rayons de lumière affalés sur l'autel,
Pour baigner le livre sacré

Nettoyé de ses souillures
Et de sa gangue historique.
Mais l'initié regimbe.
Il clôt le livre des lignes sottes.
Il geint et pleure,
Privé de socle.

Mon choix d'être, sans mensonge,
En balbutiante libération.
Plus de trépidation
Dans les ors du Delta !

Je m'assieds, premier communiant hasardeux
Sur le côté horizontal de l'imminence.
Rasséréné, je lève la tête ;
Je jette ma perruque saupoudrée
Aux valets et baronnes des colonnes.
Dans la noirceur intime du cône,
Sans saccage,
J'oublie les didascalies de mon esprit.
Plus de repères !
Je ne vois plus, je ne parle plus.
Je ressens l'impalpable linceul
De la ténèbre triangulaire.
Ma Sœur, mon Frère, plus haut, plus loin !

Les faces du Delta pétillent de faisceaux lumineux.
« Est-ce à dire, mon Frère, que l'œil complice
T'a fait entrer dans la sylve sacrée ? »
« Impudent !
Je chasse ta carence vierge de soleils.
Baisse la tête !

De ces brandons lumineux,
Respire, soupire et désire ! »
Tout cela dans la vanité de la réunion de
Ce qui est épars.
Le Delta hiératique te toise
Et te laisse sur la route
De ton ascension blême,
Aux grands empans
De l'Amour tri-côté.

Le Delta absorbe goulûment
La scène historique de vos affections,
Creuses d'avidité :
Des étoiles, des colonnes en érection, un tableau
bavard,
Le midi qui joue avec le septentrion, trois piliers qui
barrent le chemin,
Un autel sans fard.
« Grimpe jusqu'à lui.
Regarde, souris et ferme les yeux.
Pas de paroles…
Laisse-toi aller et va plus loin,
Toujours plus loin ! »

Dans l'acrimonie et l'allégeance assoupie,
Le Delta cherche la cohorte des damnés de
l'initiation.

Alors, Frères et Sœurs, vos plis amers
Zézayent le sourire,
La vastitude vous pince en solitude.
Les portes s'ouvrent…
N'écoutez plus,
Entendez tout ! »

Le Livre blanc

Héritier feuillu de triste ascendance. Ta mère, la
Bible ; ton père, le Coran
Sur l'autel des serments inconsidérés,
En rabiboches épaisses.
Empreint de folie libertaire,
Tu as quitté tes vieux parents,
De foi chapeautés et soumis,
Gelés en dogmes vivants.

Orphelin de joies,
Tu niches ton cœur de paille
Dans les pages décontenancées de blancheur.
En l'attente du dithyrambe posé,
Les lettres, les pauses, les points, les virgules
S'agglutinent dans le projet
D'un ésotérisme facétieux,
Chuchoté dans tes plis de papier boisé.

Que reçois-tu, Livre blanc ?
Des aveux enterrés, des cris de déchirure, des
montagnes aux lacets vrillés ?
Franchement, ne caches-tu pas cette oubliette sonore
Que chacun décore des pans incontrôlés de sa foi
initiatique ?
Tu joues la mise en abîme :
Livre, tu es le symbole du livre.
« Brigand, laideron ! »
Dans les méandres et les lacis de ton cœur d'alpha,
Emmagasine les perles de lucidité,
Exsudées de l'esprit en gésine.

La vie, c'est lui, le Livre :
Des pages libres, sans numéros,
Dans les comptines du front agenouillé.
En bleu, l'idéal ;
En rouge, le sens ;
En vert, les promesses de l'aube,
Dans le salmigondis des feuillages qui trouent
l'horizon.
Pas de vert piquant et bouturé dans la Loge.
Pourquoi ?

Enfin la sérénité,
Sculptée dans les tourments, les artifices et les éclats
rieurs.
Mais les Frères, les Sœurs ne te voient plus, aux yeux
de chair.
Entêté, tu jettes tes pages blanches
Dans l'enclos opératif.
On s'en saisit,
Dans le silence de la posture
Et les fulminations intimes.

Sur l'autel des serments,
Tu t'ouvres, confiant,
Vers la luisance des étoiles.
Ne sais-tu pas la divinité masquée et vierge ?
Elle attend sa fécondation par le lutteur de l'âme ?
Mais alors, la divinité, notre pierre brute ?
Par le livre blanc, chacun, dans les nuées
Fait couler, en toute bizarrerie,
L'œuvre de la vie sur la vie.

En quelques borborygmes, le Frère, la Sœur
mâchouillent
Leur dieu.
Leurs dieux ?

Des mots, des points, des lignes suspendus,
Signes épars au giron
Des chimères rigolardes et taciturnes.
Entre Tableau de Loge et Delta,
Le Livre blanc chevauche la médiane sacrée,
Sans constriction.
Entre les outils lourds de matière du bâtisseur
Et l'œil céleste sans pruderie,
Tu es le lien réel
Des cabrioles de l'initié.
Grâce à toi,
Les jambes lourdes,
Il bat des ailes.
Dans l'amplitude au songe d'humour.

La Perpendiculaire

La perpendiculaire, c'est un pieu fiché dans la
rudesse d'un terreau soporifique.

Anonne la verticale qui te soumet et t'élève.
Pour que ta mesure, sans concession,
Parvienne jusqu'aux portes de l'Orient.

Sur le fil amène du couteau, la perpendiculaire
découpe,
En silence, la question horrifique du dualisme
meurtrier.

La mer des symboles lèche les pieds
De l'honorifique perpendiculaire.
Elle tire à elle le tableau vagissant,
En brillantes saccades

Dorénavant, tu donnes avec le niveau, ton parèdre…
Pour qu'advienne toute chose ancrée
Dans l'élan sans retenue,
De la colonne du midi.

Le Compagnon grogne,
S'endort dans les battements
Virevoltants de la droite assumée
Dans les ricochets de ses éclats de feu.

« La liberté, c'est parvenir aux limites de son
incarcération »
Qu'ils disent

Dans la pensée d'un vertugadin spécieux.
Dans la force impétueuse
De ceux et celles qui descendent
Sans corde de rappel.
La perpendiculaire ?
Pas de limites !
De quoi aliéner la pensée ronronnante
Jetée comme un piolet
Sur les bords étranges de la folie.

Pas d'embout, pas de bouts !
La perpendiculaire verticale
Arcboutée sur nos certitudes,
Nous prend la main
Et chuchote aux grottes délavées par les années :
« Monte, grimpe, saute
Vers l'infini incommensurable.
Descends, dévale, abaisse-toi
Dans les caves insues où aboient les chiens.
Comme Duke Ellington,
Dénoue tes jambes, croise les bras.
Frappe, en belle intensité,
De ton pied vengeur,
La terre.
Tu aimes ? »

« Accroche la perpendiculaire métropolitaine.
Elle secoue, vibre et ratiocine
Dans l'appel bleu des liserés mémoriels.
Sacripant, sapajou !
Oser habiller l'œuvre sacrée
De tuniques d'organdi !

Et tu ne tends pas la joue sur la verticale,
Aux ors livrés
Aux trompettes de la gloire ?
Tu te trompes, ma Sœur, mon Frère, ingère plutôt
La perpendiculaire :
Mets-toi à l'ordre et écoute :
J'aime les vastes étendues arborées.
Je porte le sceau de la verticale et de l'horizontale.
Sur la croix, Jésus lacéré
Est honni.

Mon cousin, le maillet, me saoule et me hante aux
bords frangés d'un tableau dégraissé

La mise à l'ordre

« Mettez-vous à l'ordre ! »
Tonitrue-t-il dans le fracas des ventres éventrés
Aux lueurs de l'ésotérisme
Qui palpite, entre la nonciature cérébrale
Et la seigneurie intestinale.
L'ordre ?
Soumission appropriée
Pour une libération avouée,
Toujours rampante,
Aux confins des dédales mugissant
De la vie secrète de la Loge.
L'ordre ?
Pour s'abaisser
Aux caprices estivaux et hivernaux,
Au Nord comme au Midi.
L'ordre ?
Dans la facilité des joutes piteuses
Que chacun accorde à l'autre fraternel
Qu'il imite, sans transe, en toute raideur
L'ordre ?
Dans la bêtise hallucinogène
De nos croyances empesées,
La conviction de la vibration pour une libération.
Libation avec la coupe du cœur,
Tendue à l'horizon,
Par les regards fixes en espérance
De l'Un.
L'ordre ?
La majuscule volée,
En « o » triste et dégingandé.

Elle a pillé la singularité
De la recherche
De chaque œuvrier en juste combinaison
Du vers et du multivers.
L'Ordre cache sous sa grande lettre initiale « e »
éponyme
La dureté des obédiences pyramidales.
Un jour, la Voie saura-t-elle délanciner
Le ronron de la soumission
En jouissance des neurotransmetteurs ?
Que la conscience explose
En jets de feu,
Pour caraméliser la honte humanimale !
Ta conscience, mon Frère, ma Sœur,
Ne se logera plus
Dans les diktats de la meute.
Aux délices enfouies, ne succombe pas !
Soumission avec les autres
Repus de gargarismes ;
Ou libération dans ta cage, la tienne ?
Une tenue ? Temps suspendu
Aux orées de l'obéissance savourée.
Alors le croissant de la liberté luirait-il
Dans la pâleur des controverses intimes ?
Au début, point d'ordre
Mais la latéralité des affections fraternelles.
« Ordo ab chao ».
D'abord le bordel miré dans la conscience.
Puis le ciseau pour rendre épars.
Après, je ne sais.
Gonfleras-tu le petit « o » dans les rondeurs du grand
« O »,

Le vrai, pas l'usurpateur, des pyramides animales ?
Tu ne m'entends pas : je le sais !
Va !

Le Niveau

Agacerie du niveau ! Quelle épaisseur du voile
Pour invoquer la « mise à niveau ? »
Avec des fleurs ruminantes.
L'outil marmoréen entonne,
Sis sur le tableau,
Dans les brouhahas et les abracadabras initiatiques,
Le chant des galériens.
Pas Pégase, non ! Mais Pluton, oui !
L'idiosyncrasie du Maçon
Le pousse au sol, pas aux murs.
Il sent la croix pentue,
Niveau et perpendiculaire,
Dans le brouillamini des degrés horizontaux.
Le maçon s'en saisit.
Il pose son oracle
Sur le mur des érections.

L'Initiation

Dans l'émoussement de mes grattages
De colonisé, je vais décider de barouder
On m'a pris la main, un soir repu de questions.
« Sous de vastes portiques que les soleils marins teignaient
de mille feux »[1]
Ainsi je m'invitai aux noces diamantines de la Voie,
En espoir de contrebande.
Ce soir je suis enclos de trois murailles étroites
Et du vantail de la porte.
Le Cabinet de réflexion,
En dénomination aveugle.
Non pas pour penser mais pour
Réfléchir dans le miroir tes silhouettes incongrues.
Je gis ici, morne en mon destin
Assis dans les ténèbres de mes pores.
Je mène, en moi, un examen non rétribué
De mes maléfices de sans-y-penser.
Je commence à nettoyer les écuries
Dans le tour grabataire de ma vie profane,
Sans vie.
Mes émotions affluent.
Je vide les oiseux ballast de ma raison sèche et
puante.
Je décharge la cargaison outrée
De mes torpeurs endimanchées
De factice profane en fêlure.
Et puis, les prétextes ignorants de mes réalités
intimes

---

[1] Sous de vastes... mille feux : Extrait de Vie antérieure de Charles Baudelaire.

Qui ne cessent de vibrionner
En silence, obscurité, immobilité et solitude[1]
Je vais mourir, je sens la percée du symbole.
Il convient que je lègue mes piteux onguents et fards.
Je rédige mon testament emphytéotique de 99 ans
En sonance de mes imaginaires simagrées.

Un Frère, le même, vient en quête de moi.
Je le suis en ramage bas.
Il me cache aux présomptions
Et me masque d'un bandeau noir.
Il frappe à l'huis des coups pleins de fureur
Les battants s'écartent dans le vacarme.
« Courbez-vous ; plus encore, à plat ventre, il le
faut ! »
Renaissance !
Porte basse d'une gésine qui s'achève dans le col
Sous les paupières aux clôtures arrimées.
Malaxage ensuite, sans visibilité,
De mon corps démuselé, écartelé et dénudé.
Gémissements intimes de douleurs avalées.
Il est temps que je m'annonce vivant
En criant.
Dans la symbiose de l'aveugle qui croit voir,
Du paralysé qui gigote
Du reptilien larvaire qui sait en toute ignorance,
je me relève en dard, épaulé par des mains
d'accoucheuse.
Mise bas dans le ventre de la Mère-Loge ?

---

1 *Silence, obscurité, immobilité et solitude* : Quatre qualificatifs qui caractérisent le néophyte dans le Cabinet de réflexion. Je les dois à mon maître Daniel Beresniak.

Remontée utérine, regressus ad utero ?[1]
Je le vis si fort !

Toujours embandelé,
J'accepte les épreuves,
Preuves de sursauts animaux.
« De chaud naguère, je sens
Que je vais périr dans les frissons
Des hautes baffes de glace.
Raide, roide, ma peau se révolte
En crissant dans mon âme.
Je marmonne dans le recommencement des ans :
Gare ! Le chaud jadis, le froid ici,
Peuvent manipuler mon esprit en vadrouille.
Et alors se lève en mon corps-esprit une évidence de
carton-pâte :
Le 2 me gagne par l'inscription dans mon corps
Il me faut anticiper, vaurien que je suis ! Les brûlures
Du dualisme meurtrier des fonds incarnés :
Le Non, le Oui ; Le Bien, le Mal,
Le Vrai, le Faux ; la Haine, l'Amour
Suppôts commodes de labilité profane,
Confortable et simplette dans le rejet de l'autre.
Avec du courage, de l'insolence, je devrai
Balancer toutes les saletés du dualisme.
C'était si bon !

Pas le temps ; on m'empoigne :
Ce sont les voyages de crus périls
Dans les chairs désossées.

---

[1] *Regressus ad utero* : La remontée, par le col, à l'utérus, est un mythe porteur
dès les Égyptiens.

Prémices de la bousculade inévitable
De ma vie
D'être émergent dans la tribu des mal-nommés :
Les sapiens
Trimballé, tiré, poussé par des mains ahuries
En grande pendaison de rêves d'œillère.
Secousses géomagnétiques,
Qui craquent l'œil tierce frontal.
Le vide de la carcasse se fracasse, noire d'émois.
Oui, je pige : je dois reprendre
Mes vies de saurien, de bovidé et de libellule.
Les purifications jusqu'aux cellules
Pour avoir le code titubant.
Évasif, vaseux,
Je suis paumé. Quel est le sens ? L'air, le feu, l'eau et
la terre
Me purifient en guise de laverie
Indispensable.
Les mains me trainent aux deux guichets
Miséreux en culottes courtes mal ajustées,
Je mendie, je balbutie, j'éructe ma quête
Les deux gardes me claquent
Et me laissent filer.

Je deviens spectateur de cavitude :
La vie, la mort, dans le souffle curieux
De la bête attentive autour de moi,
Je les respire dans leur mutisme de soie.
Le bandeau s'évanouit
Dans le tohu-bohu de mes émotions
Incontrôlées.
Il est là, étendu, dans la lueur appauvrie,

Mon double, mon jumeau, mon chéri.
Les spadassins l'entourent
Et le lardent dans le silence et l'obscurité.
On m'intime de stupeur : « Ils t'aiment! ».
Ça y est, aurore !
Car le spadassin, d'amour et d'agressivité composé,
C'est moi !
Je fais gaffe, sans ratiociner :
Les mots sont des violeurs en série,
De la réalité invérifiable,
Tendancieuse.
Oui ! La mort si je veux,
Enchanté par les pulsions sous mes désirs.
L'amour aussi !
Là, dans la pénombre, en vitrine cadavérique
Il faut que tes luzernes saluent le tilleul centenaire,
Au terreau des grands mythes universels.
Ces immenses lions qui nous escortent et nous
quadrillent,
Nous placent, moucherons,
Dans l'attrait d'une lueur de traîne-galère.
Je suis convié à devenir un jour engloiré,
Rien et Tout
Dans le lourd charroi des multivers.
Audace ? Un jour peut-être !

« Arrêtez, diluez votre colère ; elle me trouble.
À moi maintenant l'éclat
Fondu d'ésotérisme nabot et géant
Mon bandeau est levé.
Apocalypse, fusion, déception, éblouissement ?
Les dards lumineux me pénètrent.

Je sens, je crois,
Que je patauge et me noie
Dans le cristal de la Lumière.
Dans quelle inspiration, aussi ?
En habit de sénéchal, j'admets,
En frissons intimes et blancs,
L'union de ma misère et de ma conquête.
Cette Lumière me brûle et me ressuscite
Dans le cercle d'aciers :
Ils pointent leur épée de caramboles
Vers moi, tout stupide.
Devant le lacis chevaleresque
De l'évaporation des sens.
Je prête, non je donne attention :
Le mythe est une personne désirable.
Annoncerait-il mon destin,
Dans les savoirs irréductibles et colorés :
Haubert, armure, éperons et dague,
Bulles de savon d'éclatante mémoire ?

Commandement en impériosité :
Je suis aux fers de ma bonne foi trompeuse :
Qu'arrivent la besace, la bourse
Et la fraternité.
Je dois écluser l'obole veuve.
Je ne le puis : je suis vidé de l'Avoir :
Plus d'écus de mon royal amour prétendu ;
J'arrime en désir innocent, le tronc
Dans le théâtre grotesque,
Des cœurs qui chantent où je me mire.
Mon intime se révolte à ma gaucherie,
Dans l'inaltérabilité sulfurale

De l'Amour.

C'en est fait ! Me suis-je bien vidé ? J'espère.
Alors j'avance en trébuche de pas francs,
Plus jamais cauteleux,
Vers celui qui trône, pour mes sens encore abusés.
Mais j'y vais, en confiance bleue :
Il se lève, en trompe l'œil d'une majesté
De grenier des choses sans vertus.
Il chasse son surplomb, descend
Et roidit sur ma tête d'omnivore,
Qui se nourrit des nectars
Comme des crudités amères,
L'épée d'un seigneur inspiré.
Voilà, je me sens comme adoubé :
Trois coups voltigent, impécunieux.
Trois baisers pour qu'à jamais
Je sois un Frère dans la cohorte humaine.
Maçon un jour, maçon toujours.
Oui, ils me reconnaissent pour tel.

*« Quand les Hommes vivront d'amour[1], il n'y aura plus
de misères ; les soldats seront troubadours mais nous
seront morts, mon frère ! »*

Alors, en éberlument multicolore,
Je fête l'échange de l'« *aboli bibelot d'inanité sonore[2]* ».
L'alliance érotique de l'Amour et de la Mort
M'engendre, dans le mystère des runes sacrées,
L'A-mor,

---

[1] Chant initiatique de René Lévesque, Québécois.
[2] Stéphane Mallarmé.

Pour vivre en éternité.de confusion naturelle,
Avec ces guidances dévoilées à mon esprit
En charpie joyeuse.
Trois baisers perdus, trois baisers volés, trois baisers
de paix.
« Tu es avec nous, tu es parmi nous, tu es nous »
Amoureux désormais de mes névroses
J'orne, de lampions enguirlandés,
Le bien-vivre et l'être mieux
De mes Frères, de mes Sœurs ».
Aux baisers de collection,
La peau touche la peau,
Impérissable message de chair
Pour la Fraternité.
Plus de misère, plus de guerres.
Le chérubin sourit au vieillard qui part
Serein.

Le Maître des cérémonies m'enjoint la poursuite
Vers le repos du banc,
La colonne du Nord.
Je me soumets encore aux fracas rituel,
Dans la mise en ordre de mon désordre de
bouquetin.
C'est un homme, en haut des marches,
Un simple homme (je fais gaffe),
Qui parole comme d'un prêche.
L'Orateur griffonne, dans ma cervelle,
Les émotions de l'alliance fraternelle.
Puis se tait.

Pas de fin, juste un entracte.

Se quitter dans les basses et les barytons
De la chaîne d'union :
« *Ce n'est qu'un au-revoir, mes Frères…* »[1]

Dans la tourmente apaisée des ciels laiteux et
apprivoisés,
La batterie – Pour qui ? Pour quoi ? -
Sonne et tape en révulsions aphrodisiaques
De silence au tapage muet.
Je jouis de mon effacement dans le groupe.
La Loge communie aux racines balbutiantes.
Elles dés1enclavent,
Elles emportent vers des chemins superbes, oui, c'est
ça,
Mais je les suppute dans mon ignorance.
« La batterie ?
Un jeu d'éclat à l'orée de ma bouche ;
Des étoiles à la solidité de la terre.
Initié, en révérence vers le bas, le haut,
Je gigote en dedans ; ce sera le temps du tri
Dans le magma épais
Des messages encartonnés de la Voie.
Nu,
Je dois m'habiller de ce feulement collectif
Pour moi
Rien que pour moi.-

Apprenti câliné,
Mon corps parle mieux que les mots,
Encore et toujours.

---

[1] *Ce n'est qu'un au-revoir* vient du chant écossais Auld Lang Syne, publié par Robert Burns, au XVIIIe siécle.

Sur les parvis, engoncés dans l'effarement de la
rencontre intime,
Les voici, tous, à m'embrasser,
Dans la contagion des sourires.
« *Et la foule vient le jeter entre mes bras* »[1]
Au revoir les rationalisations trop cuites,
Les prises de conscience claudicantes,
Les pudeurs planquées dans une honte de conserve.
Je me jette dans les bras qui m'enlacent et me
cernent.
Je jouis d'avaler, sans coquetterie,
Le flot d'amour qui humidifie la sécheresse de mes
rives.
Je mets mes pièces d'or affectueux dans la besace,
Quand j'ôte les gants et mon tablier.
Me voici : moi, au pays d'humanité,
En un souffle perspicace d'avidité.
Dans la fragrance des dons,
Le balbutiement des déclarations,
L'éclat de mes lingots offerts
Me mènera, je le devine, aux voûtes de la folie
sublime.
Au loin, bien au-delà de nos Loges de labeur
hasardeux,
L'intransigeance,
La mienne.

Apprenti ?
Oui mais je ferai fi de la soumission sacramentelle,
Je le jure en ton libertaire.

---

[1] Édith Piaf. La foule, 1957 Paroles de Michel Rivgauche et musique d'Angel
Cabral.

Quand bien même, les maîtres se gobergeront
De leur pouvoir de plume.
La pédagogie de la Voie bleue est boiteuse.
À moi d'exalter mon chemin,
Dans les arcanes et les runes
Du ventre et de la tête.
Je les fais-les chanter
Dans les abysses fous, caverneux,
Couronnés d'opaline et d'améthyste.
Laisser la doxa choyée par les répétiteurs.
Les chevrons qui les « décorent » sont à tout prendre
Des laissez-passer
Dans l'égrégore mitigé et tiède d'une tenue.
Un jour, peut-être je m'augmenterai, peu à peu,
Dans les coulisses d'une société déjouée.
Alors, je me tairai ?
Hurle !

Le placard des bavards ?
Un chausse-trappe
Sournoisement tendu quelque part.
Laisse les délices masquées.
Le corbeau est adulé par le renard.
Je maugrée et m'esclaffe, en croisière de sens.
Bonhomme, je me refreine, en trois mots :
Observe, souris, agis !
La Voûte étoilée

Flamboiement sombre dans les yeux écarquillés
De moire et de satin.
Dans la noirceur calme des anges recroquevillés,

Aux armatures absentes de mes souffrances
apaisées…
Quand s'élèvera l'azur de minuit,
Aux errances trompeuses,
Pour rejoindre, en titubant,
Les parvis

Aux platées d'argent déguisées en fantômes
frauduleux,
Dans le tremblement et les bégaiements de l'univers,
Brillez, pendeloques aux chandelles émoussées et
luisantes.
« Où vas-tu, Gitan de lumière ? »
« Dans la pénombre de ton cœur,
Dans la courbe de ton exigence ! »
Le regard s'évase
Dans le flamboiement naturel
De la voûte du monde.

« Dans l'iridescence de nos valeurs confuses,
Combien êtes-vous, étoiles ? »
« Dans la ribambelle des fuites éperdues,
Nous pâlissons de l'envie
De nous compter
Et recompter dans la torpeur avachie de vos
désirs ! »

« Étoiles, quel havre
Voulez-vous signifier aux cherchants sans calculs ? »
Au zénith, certes,
Mais le nadir explose en brindilles,
Dans leur position.

La voûte prend nid sur la Loge
Pour mieux étouffer les cris sans vie
Des chairs meurtries.

« Que vivent les cœurs qui se méprennent
Sur les hauteurs enciellées, gonflées de vanités,
Humiliés d'effrois.
Dans le charroi des grandes fileuses éclatantes,
Ne vois-tu pas la vie qui se lasse
Et s'enlace,
Te bâillonnant quand les soupirs te laissent en paix ?
En trublion de joies enchevêtrées,
Ô Maçon,
Que ton enjambée soit intermittente et posée.
Dans les larmes du cyclope
Avance dans les couloirs obscurs et frangés
De la nuit éternelle ».

Un jour viendra-crois-moi- où, du nadir au zénith,
Tu te lèveras, interdit
Dans la soie et le feu
De la verticalité.
Pour que partout résonne dans les planètes
invaincues,
Ta parole chuchotée, aux grands mystères de
l'acoustique
Humaine et bornée.
Dans le sifflement aigu des météorites,
Tu fouilles, endiablé,
Les croûtons de sagesse
Dans les nues, éperdu ! ».

« Comme l'aigle couronné,
Ajuste tes ailes nouvelles
Dans l'empan de tes bras assoiffés.
Pour qu'advienne, enfin,
Dans l'érotisme surfacé de miel,
Ton visage, en proue de corvette ».

Qu'il soit bien entendu ici
Que la voûte étoilée nous enchappe
Et nous agrippe doucement
Dans le lien extravagant
Du corps et du ciel

La Fraternité

« Quand les Hommes vivront d'amour,
Il n'y aura plus de misères ;
Les soldates seront troubadours ;
Mais nous serons morts, mon Frère »[1].

La révolte saigne aux affluents
De nos mœurs libéralistes.
« Maçon, à l'ordre ; pourfends les sauvages repus,
Et nourris les mioches affamés ».
Ôte leur chaîne nuitamment posées,
Aux chevilles calciques
Des défenseurs des droits humains.
Pour cela, manigance, condamne et écrase l'infâme.
« Œil pour œil », crache le livre des enfermements.
La sacoche de billets en bandoulière,
La couronne de guingois pour héler les pauvres
hères,
Les homélies scabreuses des prédicateurs
(Ils nous bloquent nos têtes),
Riches, rois et chefs, prophètes,
Halte ! Ou je vous carambole dans les chairs,
Vos pieds nus dans la glaise plébéienne.

Qu'est-ce qui me prend ?
Serais-je ce camelot de la haine.
Et je justifierais les bévues meurtrières
De mes parèdres ensorcelés ?
Par les femelles convoitées ?

---

[1] *« Quand les Hommes vivront d'amour... »* chanson de René Lévesque. Je cite ce début deux fois dans cet opuscule.

Par mes territoires où gémit le gibier ?
Les chiens reniflent en nous,
Les odeurs aigres-douces des fermentations
vengeresses.
Les mâles suent l'agressivité,
Soumis aux grands boisseaux des tueurs en série.
Moi, mais qu'est-ce qui me prend ?
Moi, héraut des litanies surfacées et intemporelles ?
Ça, non !
Je vais rejoindre la cohorte évaporée, enamourée
Des chantres des œufs concassés,
Dans les débris des clignotantes raisons.
Je deviens Franc-maçon !
Coquelets en pâte
Dans votre douillette idéologie,
Vous essayez d'écrire l'arithmétique
Des temps espérés dans la nuit des espoirs lunaires.
Au grand effondrement, avec tous les héritiers de la
tendresse,
Vous ne pleurerez pas !
Vous sourirez, invincibles, à l'ordre, verticaux,
Les mains tendues en offrande tamisée
Pour témoigner de la toute parole de Fraternité.

Il faut curer et récurer sans cesse le pot aux roses
fanées
De l'amour sans vindicte.
Dans le pari obsolète de la foi,
Dans les tendres replis, les lumineux contours
En la Fraternité.
Au boulot, sans palinodie !

C'est aujourd'hui, sans quémander un oui de
conserve,
Que la Loge soit éprise, comme une goélette,
Dans les coulures de l'affection.
D'accord c'est parti :
« Je t'aime mon Frère, ma Sœur ! ».
Dans les grandes banlieues des émotions
équivoques,
Je saisis le licol de la bête attendrie.
Mes poings rentrent, le cœur s'ouvre.
Alors nous clamons, comme une claque au dieu
tutélaire,
Notre certitude : « Oui, l'hominidé peut aimer »
Entortillons-nous, comme un vers sur le sapin,
Dans le doux miel des amours enciellées.
Et, à l'unisson, vibrons dans la Fraternité.

Certes, mais quoi mettre sous le boisseau
Des tentations hitlériennes ?
Car la Fraternité est enrubannée
De soupçons javellisés.
Dans le tintamarre sucré de la meute,
Pas d'histoire : à poil !
Dans les culs-de-bas-de-fosse intérieurs,
Grenouillent les linéaments visqueux,
Salvateurs du sexe partagé.
Je déraille ! Tu me dis : « Point de cela en tenue,
Notre conscience est claire là-dessus. ! »
Les sondeurs de l'âme soufflent le contraire :
Pas de Fraternité en évanescence
Sur les monts des blancheurs.

Nous nous arrimons avec les cordages du désir de
l'autre,
En toute innocence superfétatoire.
Oui, la Sœur de Saba languit d'affection
Pour Hiram, son Frère.
Elle caresse, dans les alcôves tues, celui qui le sait.
Indignation, mépris, dénégation et commisération,
réunies en bouquet
Aux saveurs cristallines qui n'abusent que les gogos.
« Jamais, je le hurle aux foules décontenancées,
Je n'ai eu envie de commercer avec le sexe de la Sœur
de Saba.
Elle est bien trop âgée pour m'échauffer.
Ma candidité ne saurait me jouer des tours.
D'ailleurs le rite n'y fait jamais allusion ».
C'est dire ! « La Fraternité frémirait-elle

Au-dessus des concupiscences exacerbées ?
Pas du tout : aux oriflammes claquantes des
chercheurs des profondeurs,
La mise en jeu est posée,
Lourde de satiété jamais repue.
L'étendard fraternel est fiché dans le sol émietté,
Des grandes parousies désirantes.
Le vivre avec les autres,
Convoque la Sagesse, la Force et la Beauté.
Elle est âgée et moche pour toi, la Sœur de Saba ?
Mais il ne s'agit pas d'elle !
Elle est le support de tes fantasmagories
langoureuses.
Dans le creux vallonné des vagues insues de toi.

Voici que la canaillerie n'en peut plus.
Engraissée de sexe malfaisant et conspué,
Le Frère Alexandre, dans un ricanement aux ergots
pointus,
Lâche « La réalité s'immisce dans notre Loge :
Pas de Sœurs chez nous.
Car la rectitude n'est pas l'érection. »
Les chercheurs barbouillés d'encre corrosive
Pâles aux sons des trompettes animales,
Lui répondent l'inaudible dans le craquement des
nerfs,
Une contrefacture de leur fraternité,
Perçue aux détours de leurs embryons neuronaux.
Aimer son Frère, c'est l'aimer,
Dans le rappel ténébreux et œdipien.
Quand l'adolescence s'exerçait aux jeux interdits,
Dans la brassée des affections pour ses copains, ses
amis.
Que faut-il donc de plus solide, de mieux ancré, de si
bien breveté
Que l'affection tendre pour son Frère ?
Rien ! Fondation et voûte du temple humain.
On ne construit pas sur des idées,
On bâtit sur les retentissements de la chair désirante.

Quand les Francs-maçons, dans leur égarement
prolifique,
Couronnent leur agressivité par l'amour
dithyrambique.
De doux dingues ?
Bien sûr ! J'aime leur folie tendre et affectueuse,
Dans l'éclosion du Rite de Fraternité !

Les Points cardinaux

Les Apprentis coquillent au Nord.
Un saut capricieux, indélébile et satanique
Nous fait haleter jusqu'à l'Orient.
Quoi ! C'est véreux :
Trois ans à peine
Et vlan ! L'Orient éternel !
Puis le Midi, alors, s'empale
Au zénith de la canne du Compagnon.
Passer entre tableau et autel ?
Outrecuidance !
Un rite l'assume : on ne le franchit pas.
Que tous exhalent et excellent
Dans le bruit sacré de la circumambulation.

Les quatre points ?
Une croix (en hideuse crucifixion).
On sort.
Salut d'au-revoir
À la sardoine du temps et à l'ébène de l'espace.
Frôler le tableau :
Tourner, tourner, tourner
Comme le derviche fou de tunique gonflée
Aux roues des bras croisés.
Dans le cirque, Homme ambule,
Le Franc-maçon valse aussi.
Il s'enquiert auprès de son esprit :
Le Nord dans mon corps. Où ?
L'Orient vire mon regard…
Vers le Midi,
Dans l'étreinte fraternelle.

L'Occident de la délivrance
Des miettes racornies aux déchets du passé.
Pour gagner la Loge
Imarscessible

La grande parade des heures
Fanfaronne clair dans la Loge.
Le temps coule et pleure.
La franc-comtoise rit !
Accouchement à l'Occident
Teinté de fleurs et de peurs bleues.
Au Septentrion, dégringolade de questions
moustiques et frelonnantes.
À l'Orient, les certitudes en casse
Pour une promesse de plénitude.
Au Midi, pour que s'adoucissent
Les grands pics et les lacs de glace.
La roue tourne.
Athanor !

Connais-toi toi-même

D'étranges fantômes encagoulés de naïveté,
M'arrachent à mes entrailles bavardes
La primogéniture de leur droit d'inventaire
Dans les hortillons secs de ma mémoire partagée.
« Ah ça, si je me connais ? Oh oui très bien ! J'ai fait
le tour de moi ! »
Billevisées angéliques du regard intérieur,
En horrifique confort des à-plats de l'âme
Au chaud, derrière mes plastrons de carton.
Les fumerolles bleuies de mes cartomancies d'ébène
Hoquettent la signature ourlée des arcs réflexes de
mes sourcils.
S'imbrogliotent alors, en certitudes de toc,
« Mes quatre vérités » des spadassins de haine,
Vite domestiquées dans le poulailler
Des agréments en enduits de fil blanc.
Et mes peurs : les caniphobies désastreuses,
Les soumissions aux arcs baissés
Sous les lois agacées de frisures impératives,
Et l'effroi entraqué dans les prises de paroles
Aux mots hoquetés et vomissants.
Et encore dans les espaces adoubés de risques
Qui gèlent mes jambes aux genoux verts.
Le funiculaire des cavernes de schiste
M'achemine au mont des rédemptions,
Dans les crapaudines mêlées de mon sauvetage
propre,
J'efface les dettes de mes accrocs
Avec des louanges de miel de fragrances de cerises,
Celles de Bibi, servante aux mains nues.

Dans les fissures cramoisies des amours vénéneuses,
Je supplie la rédemption de mon esprit.
Les crabes esquintés des frayeurs suprêmes,
La camomille gitane des merdoiements du cœur,
Je les avale !

C'est aussi le parchemin d'ivoire en lettres d'or :
Les complaisances, les jouissances, les amours de
confiance
M'adornent de qualités, de troubles aussi.
Ils me bonifient, même quand m'agrippent
Les explosions taciturnes de mes certitudes ;
Les chiquenaudes impuissantes sur mes désirs
ravageurs.
Quand je m'enchaîne aux chagrins glauques de mon
âme,
« *Mon luth constellé porte le soleil noir de la mélancolie* ».
Si on se laisse faire, les sacripants agrippés
Au rocher ratiboisent les runes du cœur.
Souvent la vase vient en fils d'argent
Ciseler ma pierre honnie et bénie.
De mes échauguettes de nacre bienveillant,
Je perçois les pousses de grande ouverture.
Le squelette indu et volatil de mes soupirs rouges,
De mes haines rassies, de mes amours de folles
orangeries.
« *Je cède au coup qui me tue* »[1], de bonheur augmenté.
Pour la même chevelure de chignon décrêpé,
L' « Approche-toi » du désir encaisse, dans un
souffle,

---

[1] *Je cède au coup qui me tue* Merci Pierre Corneille (1606-1684). Le Cid.

Le « Fous le camp ! » du repoussoir giron.
Les lèvres d'amande douce des légionnaires
exténués,
Boivent avec moi, les cuvées des réservoirs
D'eaux de tendresse qui coulent
Sur mes carapates bleues de mes enjambées
spirituelles.
Les différences, en grands saluts préliminaires aux
ressemblances
M'épurent, me clarifient dans mon miroir volé à
Narcisse.
Les Frères d'attentions partagées
Se déshabillent en tenue.
Un regard, un souffle, un geste, un mot déplacé,
Pour pavaner leurs différences.
Sur les grèves ajourées des soupirs affectueux pour
l'inattendu,
Ce Frère aux idées de crinoline qui ne donnent plus à
voir
Mets la main à son gousset. Il me tend cinq écus d'or,
Rançon d'offrande de ma découverte de l'altérité.
La Fraternité raconte ma sauvegarde, l'estime de
moi-même
Mes émoluments trébuchants et les embolies de mes
haines.

La Bête dit à la Belle : « Par ma gueule puante,
Enrichis-toi d'émotions imprévues »
La Belle lui répond : « Je suis vierge,
Je te cède un quarteron
De ma blancheur
Je sais qui je suis
Et ce que tu es,
Un peu ».

L'Expert

En balances ténues, par ici, par là,
Les jambes en constant déverrouillage,
L'Expert dans l'arrogance de l'inévitabilité,
Met en scène les quatrains sacrés
Du rituel, en le posant, dans le vide d'une rage.
Il enjoint au rituel de haute lignée
De se plier à ses caprices mordorés.
C'est le fabricant des paravents japonais ;
Comme eux, il cache l'indicible susurré
Sous la soie peinte qu'il révèle.

Voici qu'il place le décor, de nos ébats
morganatiques
L'alliance avec l'Expert est, en effet, subalterne.
Chaque geste respire la quête ;
Tout est pesé au tronçon universel de la mesure
dorée.
Hitchcock est parti désappointé : aucune surprise !
Un ronron de minauderies programmées ?
Certes pour celui qui vagit sur la colonne.
Répétition à chaque tenue hautière ?
Certes pour celle qui s'embarrasse de ses soucis.
L'Expert n'est pas héraut ; il est valet dans la
domesticité des adeptes.
Il tourne et déroule le tapis peint, brodé.
Parfois il regroupe en gerbe les flambeaux des trois
piliers
Point !

« Mes Frères, voulez-vous respirer la creuse
cassolette
Des fragrances qui tortillent l'esprit,
Dans la progression solennelle, celle du mouvement
créateur ?
Voulez-vous vous exhausser ? »
« Alors, Expert, pleure, geins, crie,
Exige une Chambre du milieu
Pour désimprimer les crevardes habitudes,
Celles qui rassurent le morne train-train de la
spiritualité décatie ».

Déroule, dépose et allume !
Dans le flot désormais ininterrompu
Des neurones et des synapses enfin dédiés au Grand
Œuvre.
Il faut qu'à chaque fois, le perroquet batte des ailes
Et souffle à chacun : « Nihil obstat ».[1]
Alors les cormarèches[2] baissent la garde.
De leurs plateaux, ils halètent dans la sciure des
grands combats
Pour éclabousser d'énergie les colonnes
Enfin rassérénées, vermillonnées au cœur.

« Tes mains et tes bras, Expert,
Bâtissent le temple des arcanes de ma solitude
enchantée.
Mon cervelet baye aux corneilles

---

[1] *Nihil obstat* : Rien ne s'y oppose.
[2] Félix Cormarèche : ce beau patronyme est celui de son capitaine d'armée.
Un officier empli d'autorité bienveillante. D'où la relation avec les Officiers
de la Loge.

De mes douleurs de zinc zébré.
Il grignote aussi la gamme des requiem.
Il soupire, dans cette mise en scène,
Le « Casta diva » éreintée d'harmonie
Par la voix de la Callas épanouie.
Pour la Voie en résonance et en vites levades,
Dévoilée soudain en déchirures
Obscures et claires.

L'Expert, aux torticolis sérieux, votifs, mystérieux,
Abjure : « Mes Frères, apaisez, comme moi, à votre
tour
La raideur de ce muscle sterno-cléido-mastoïdien
Et tendez le cou, le regard vrillé sur les hautes
falaises
Du rituel aménageur de vos esprits païens ».

Déroule !
Le tapis coule vers l'Orient,
Lavé de la souillure du pavé noir et blanc,
Sinistre fils du dualisme meurtrier.
L'initié décoffre, en même temps, les vêtures bleues
De ses cieux qui attendent en chair vive.

Pose !
En grandes processions camouflées dans l'égrégore
naissant,
L'Expert étreint la ligne du milieu :
Il se démet, au centre du tapis, puceau encore,
Du cercle ineffable, tangenté aux deux bords.
Avec le Point de Centre, inimaginable,
Fuyant et décoloré, révolu dans nos abysses.

Point de centre dilaté et dilué
Dans les amoureuses traverses des mondes.
Les colonnes dessinent, en leur tête
Des orbes aux sens éperdus.
Les gosiers rocaillent dans la joie du Tout.
Ils s'éraillent dans la quête de l'Un.
Les Maçons ne comprennent rien
Aux circularités pointées.
Elles palpitent dans leur sein détouré.
Ce qu'il faut pour s'initier.
« Expert, pose maintenant les outils du bâtisseur,
Pour que chantent les œuvriers des cathédrales,
Ceux du grand mythe opératif. »
Et c'est la ronde, la dépose éblouie par le carnaval
Où craquèlent la perpendiculaire, le niveau
Saisis dans la mâchoire des poings serrés.
Et d'autres encore dans les rites fleuris et jumeaux :
La truelle, la règle, la jauge
Et ceux que la Loge décidera dans les tremblements
apeurés
Par l'assassinat bleu des émoluments sacrés,
Et intangibles en longueur de Voie.

L'autel, proche du Vénérable pieux,
Attire, en loucedé, l'Expert qui file droit,
Au Livre blanc, aux pages souveraines
En attente de l'écriture falsifiée.
Elle traduit, pour chacun la lutte mystificatrice qu'il
mène.
Il s'y croit, l'Expert !
Voici ce qu'il ose perpétrer dans le silence
Des romances assénées au coin des âmes :

Submergé par une humilité magistrale,
Il croise l'équerre affolée de justesse
Avec le compas enceint de cercles.

Alors le décor rituel est planté.
Dans les vermissures secrètes des esprits.
Il s'est insinué pour entrechoquer
La valse piteuse mais heureuse aussi
Des arcanes qui badigeonnent
Les fresques du mythe bâtissant.

Allume !
Les piliers dans leur ternaire abhorré de craintes,
Attendent le salut à la lumière,
Fiers dans leur verticalité messagère.
Le Maître des cérémonies claudique en majesté
Aux flancs de l'Expert, à son diapason.
Piquendouce avéré, il cherche
À déployer les replis rituels.
« Sagesse » éructe-t-il et le feu vient soudain.
« Force » continue-t-il, et le feu surgit des mains.
« Beauté », il convoque le feu universel.
Et s'en retourne, plein d'usage et de raison
Vivre entre ses parents le reste de son âge :
Le père-rituel et la mère-loge[1].
En années superbes, aux jeunes pousses enfantines :
Trois, cinq, sept ans.
L'Expert n'est pas un babiroussa trop gras
Ni un potamochère arbitraire.
Non ! Il est de légèreté tout recouvert ;

---

[1] « *Plein d'usage et de raison...de son âge.* » Merci Joachim du Bellay !

Nul ne conteste sa dévotion sincère,
Son geste aux nymphéas sacrées
De la mise en scène de rumeurs partagées.
C'est avec le plus grand soin
D'un officiant sans douleur, sans faveur
Qu'il s'applique aux méandres du puzzle rituel.
Car il respire pour que se diffuse
La loi de pur argent des arcanes
De notre Voie aux lourds crêpons d'or.
Par l'obscurité, les veilleurs encolonnés et les germes
d'espoir,
L'Expert
Ouvre le jour aux échauguettes des promesses
feuillues d'errances.
Et s'en va.

La Laïcité

Pauvre fille de cent ans et plus,
Te voilà violée par les badigoinces
Des rouspéteurs alanguis.
Ils te prennent dans leur placard sali
Par les ritournelles de la mode soumettante,
Par l'ignorance ronflante et plate
Dans les sentiers véreux
Des torsions lexicales et des rapts honteux.
Laïcité, ils t'ont prise et te trainent
Dans la poussière vulgaire des contresens.
Qui donc a intérêt à te raviner et t'aveuler ?
Oui, sous la férule manipulatrice des culs-bénis,
Ton amant de Lesbos serait l'« athéisme » !
Sans cacophonie, dans un jet lisse et dictatorial,
Ils clament en pompeuse indifférence
Dans les biais puants et les mensonges,
Une équivalence sans sens :
Tu maudirais les dieux dans ta robe de taffetas,
Trainée arrogante !
Plus encore, tu chaparderais Dieu,
En vibrionnant et en crachant, disent-ils,
Eux, les malandrins de l'ignorance commode :
« Moi, la laïcité, je suis athée.
Repoussez les autels, renversez les chandeliers !
Bénissez donc l'athéisme mirobolant
Que, nu, je vous assène en ricane ».

Pauvre fille de cent ans et plus,
Même les Francs-maçons te débilitent ainsi.
Sur leurs colonnes, ils te bousculent

Au nom vespéral et diurne de leurs valeurs
De carton-pâte bariolé.
En fulminance de bon ton, ils poussent
En avant leur servante, la tolérance.
Elle, les yeux hagards au fard des paupières,
N'en peut mais et hoquette en Lesbos :
« Laïcité, ma chérie, ils crassouillent nos mœurs ;
Avec l'épée de l'Expert, ils coupent notre union.
Et gargouillent : À bas, la gerbe peinte de
Notre enfant, la tolérancité ! »

« Linguistes, vocaphonistes, lourds lexicographes,
Hurlez la réalité de la laïcité,
Ligotée avec les voiles de vérité.
Bourdonnez, en trompettes sonores,

Au fond des planches,
Jusqu'aux recoins des tenues,
Aux miserere du rituel,
La majesté outragée, universelle
De la loi de 1905, abri des vertus écornées ! »

Le diadème de France est une couronne
Aux lapis lazulis ébréchés.
Un joyau, pourtant, brille encore
Au mitan des sources du respect intangible.
C'est elle, la laïcité incorruptible.
Lis donc,
Sans pompe et sans fard emplâtré,
L'article premier de la mère-loi,
Étincelant et coruscant :
La République assure la liberté de conscience.

Elle garantit le libre exercice des cultes…
« Oui, l'abbé, mettez sa capuche,
Nul ne pourra vous agoniser d'injures et de noises ».
Pas de grimage dans le grimoire de Briand.
Trois principes sonnés pour le ternaire des initiés :
La double liberté, cramoisie de joies,
Réclame deux compagnes accortes et ramassées :
La séparation salvatrice entre le public et le religieux.
L'égalité de tous devant la loi.
Voilà le parangon de toutes les valeurs chuchotées,
criardes
Celles du vivre ensemble, de poivre et de sel mêlées.

Dans la Chambre de justice de notre Loge avide, sans
scories :
« Aristide, lève-toi, qui conçut en allégeance sans
rides
La loi de décembre 1905.
Es-tu un initié comme des oies blanches le
prétendent ? »
« Non point, mais j'ai respiré le babil intense
De mes amis Maçons désengoncés
De leurs croyances et de leur bandeau
D'ignorante, maléfique extase.
Pas de nœud au tablier de candeur
Mais de connivence au grand jamais dirimante »
Dans les alcôves, les piécettes et les soupentes

Les Frères enceints accouchèrent
De l'esprit de la loi de 1905.
Aujourd'hui, dans le tintamarre et le tumulte des
rites, on oit :
« Laïcité, je crie ton nom ! »[1].

---

[1] Pardonne-moi pour ce plagiat, Paul (Éluard) !

OU, OU/ ET, ET/NI, NI,
Vers l'UN

À ma Sœur Pouri, Persane de noble cœur.

Les hameaux dépenaillés,
Groupés en morale simplette et amenuisée,
Abritent le dualisme miséreux
Adoubé par des profanes assoupis et vautrés.
Ils jouent de la grande crécelle grinçante
Des jugements saccadés et courts,
En viole de gambe à deux notes.
Ou bien, ou mal, serinent-ils ;
Ou beau ou laid, assurent-ils ;
Ou bon ou mauvais, ressassent-ils ;
Ou moral ou immoral, couinent-ils ;
Ou l'amour ou la guerre, cornent-ils.
Pas d'épuisement aux coronaires,
Ni de tourmente dans les nids d'éthique.
Le monde est facile :
« J'accepte ou je refuse !
Les jambières de cristal ; elles me plaisent.
Ou les ceinturons d'ordure, je les déteste ! »
La vie est ordonnée en rubans précis,
Découpée en deux camps aux frontières
De murs de béton cadenassé.
La cohorte des billevesées au cœur sec,
Engramme les enfants goulus
De repères aux valeurs fières.
D'où naissent ces assurances véreuses
De parquets récurés et de plafonds entourloupés ?
Souvent des croyants éborgnés.

En jouissance des lacérations divines,
En complaisance courbée, ils disent :
« Dieu, vomit les tièdes »[1]
Le dualisme ronge les soutes et les ponts
Des religions assoiffées de missionnariat.
Les cathédrales assourdies de tintamarre pieux
Exultent aux homélies tranchantes.
En cousinade frelatée et guerrière
Les synagogues, les mosquées, tous les temples
Aux quatre points cardinaux,
Vêlent en assises de béton ranci,
Le dualisme bazardé de leur divinité.

Le OU crispé se détend en ressorts alanguis.
La crèche n'abrite plus Marie OU Joseph.
Maintenant, la situation s'enlise en haute mer.
Le marin outrancier a lâché ses amarres.
Le moment tyrannise le parolier épars.
Il louche dans les impressions carrées dans l'instant.
À chaque fois, ET, ET est déversé sur elle, lui, le
cadre,
Dans les additions pompeuses des bredouillis.
La Sœur Maguy ? Claire ET sombre !
Dansons la carmagnole !
La tenue ? De l'encens ET de la puanteur !
Il ne faut pas jeter le bébé avec l'eau du bain !
Paravent piteux des itinéraires secs de cerveau ridé.
L'obédience ? Autoritaire ET souple !
Les Loges sont souveraines !

---

[1] L'expression vient, sans doute, de l'Apocalypse 3. 19 : *« Parce que tu es tiède, et que tu n'es ni froid ni bouillant, je te vomirai de ma bouche »*

Dans les cours récréatives, les saltimbanques
hésitent,
Titubent et délivrent des avis chantournés et bifides.
Dans le potamiron du flou des moments,
Ils se laissent ingurgiter par l'instant.
L'addition compulsive aux trémolos de vérité
Évite, en fait, le glissando abject
Du jugement du OU, dans la planque
Invétérée des lacs coulants du MAIS.
Le bon apôtre de la véracité brandie
Dégaine le pistolet et le cadeau
En sapience de schizophrène.
Il ne cesse de s'abreuver du lait de l'ET :
La coupe amère et la santé au verre levé,
D'une seule flèche en cible instantanée.
OU : je palpite dans le courage de mes opinions ;
ET : je noue et dénoue, en un geste, les lacs d'amour.
Quand donc, aux chanterelles des destins d'écoute,
Le Maçon saura-t-il broder une dentelle d'Alençon ?
Une première marche ?

Qu'il guette, dans la tenue
Les encorbellements de clairaudience !
Les bigarrures de colibris, en liesse et en douceur,
Raient de mille stries délicates,
L'empathie des vice-versa chatoyants.
NI, NI : afin que chacun se pare, en ingénuité,
Des nuances mêlées de morosité comme de gaieté.
Non ! Pas la vulgarité de l'arc-en-ciel
De couleurs obligatoires.
Mais la découverte embaumée des variations
Éphémères, insaisissables.

Que vienne, en recours d'Orient,
Le Tao-Te-King, le livre sans rival des mystères de la
Voie.
En son cortège universel, un enfant cardinal
Le suit : le Yi-Jing, en apparat de NI, NI.
N'assène pas sans cesse, Occidental,
Le Yin, le Yang en dualisme claviste de l'univers.
Deux pôles certes, mais entre les deux
Les chenilles processionnaires des proportions.
NI ceci, NI cela ; mais un mélange en rapt
D'humeurs colorées de 64 hexagrammes.
Clefs possibles des lectures dessillées.
En 25, voici Wou Wang, l'innocence,
Alliance de Kien, le ciel et Tchen le tonnerre
Ou bien, en 19, Lin, l'approche,
En mariage de Kouen, la Terre et Touei, le lac.
64 exhalaisons mirifiques,
Vides d'alambiquage.

La princesse persane s'oblitère de ravissement
Pour sa culture altière. Elle en est l'héritière.
Zoroastre, torturé aux aveux du OU, OU et du
ET,ET,
Se rebiffe et déblatère dans les conques auriculaires,
La double nature de chaque Être, jamais la même :
Spenta Mayniu, l'esprit sain et Angra Mayniu,
l'esprit mauvais
Se mêlent, en composés alchimiques,
Dans la loi des pourcentages irisés, cautérisés.
Notre pâte lève alors dans les cuisines sorcières
Des chatoiements arcboutés de nos unicités.

Le OU tranche dans le lard ; le Et flanche dans les
contraires ;
Le NI penche dans les broussailles et les fouillis
des nuances amènes.
Le Franc-maçon taille sa pierre
Dans les gyres nordiques de nos noirceurs tues,
Dans les gyres sudistes de nos bonheurs de vair,
Et assemble les éclats en intuitions graduées,
hasardeuses.

Équerre et compas,
Aux aubades des multiples destins
De brise spirituelle.

Les NI, NI calfeutrés dans leurs couches étagées
N'entrappent guère et gomment l'huis
Des éléments purificateurs.
L'initié, les mains sveltes et gourmandinées,
Procède vers les régions de satiété spirituelle,
Aux voûtes célestes de l'esprit en gésine de
L'UN.
On raconte qu'il faut un passeport de liesse en
sourdine
Pour galvauder les pas lourds de la chair :
Un mantra, une prière, un rituel font l'affaire.
On raconte que les élus se frottent aux parois lisses
Du Tout ;
Qu'ils jouissent au grand large, en gerbes d'étoiles
diffuses.
On suppose qu'ils érotisent les anges,

Et ramassent, en besace, tous les éclats et bris de
l'univers
Sans les nommer, en sérénité de verdure au soleil.
Ahaner encore, pour aller plus loin :
Il fait ce qu'il doit, advienne que pourra.
Le Kadosh éviscéré de gloire l'imbibe par ces mots.
Jean, François, Catherine, Thérèse, d'autres encore
Bêtisants et balbutiants à la Lumière qui les flotte
et les baigne
Se dévotent, disent-ils en Dieu.
Scorie nécessaire pour la racine de l'extase,
De bel orgasme spirituel.
C'est l'UN, chantourné en vapeurs,
En songes et en brumes de jouissance
De complétude, de magnitude, de plénitude.
Ils disent l'extase dans l'ivresse de
L'UN.

La Pierre brute

La pierre en déboulis abrupt
Dans la débandade éclatée de la carrière
Se docile, en pompe, au pied du tableau.
La taille au burin, une soudure
Des genoux sur la terre matricielle ?
La chanson du geste-chromo résonne-t-elle
Dans le protectorat des mythes ?
Approbation guignolesque :
À l'horizon, à des lieues amères et amènes,
Le trublion, dedans, dévide la pelote pierreuse.
Dans le chœur des adeptes,
Le temple de Salomon
Éreinté de bible cruciforme.
La notoriété de poussière l'affirme :
L'édifice se nase de vanité :
L'Apprenti dégrossit la pierre brute
Et, après des années enfilées de planches,
Il parvient, sans souffle serein,
Au dernier degré, pour une extase
Falsifiée et trouée d'opercules de bulles,
Salomon l'accueille sur les parvis.

Mais la pierre brute regimbe : « perpétue !
Encore et toujours du boulot ! »
Car les éclats n'entament pas
Son teint de rose naissante
Dans les enfouissures de l'Être.
La volatilité labile de la plasticité humaine,
Évide sans cesse la carrière de pierres.
Peu à peu se creusent les ridules

De l'apprentissage : la pierre est rebelle ;
Les mains, les bras, le désir et le besoin
La cajolent dans les coups salvateurs
Et aussi dans les abandons cernés de lâchetés.

Souvent, nous mandons la toute-puissance
Au tableau des planques, de la raison ;
Et des discours en robe de justification ;
Des excuses exhibitionnistes.
Notre raison, péripatéticienne des toitures masquées
Se vend en écos « *pour revêtir pauvres et malandrins*
De manteaux de velours »[1].
Les mots alors sont affectés
Aux gaudrioles de l'esprit encapuchonné.
Ils tapissent, en belles volutes de fumée,
Les murs du temple dégoisé
En foi mauvaise et confortable.

En Loge et en Fraternité, le « Connais-toi toi-même »
Prête-nom de l'impatience de la pierre brute,
Mène, parfois, aux sentiers lumineux, en peine,
De la vérité de nos limbes engourdies.
Se regarder dans le miroir inconcédé
Des carmijanes en ratiboise
D'éclats de grès et de silex.
Songer la réalité qui étouffe tout dedans
Et, lever le maillet et le ciseau
Pour parvenir à susurrer et à marmonner
Dans l'oreille du cœur aux abois calmes :
Voici ma vérité ; la garce m'accable

---

[1] *Pour revêtir...velours* : Merci grand Jacques pour ta chanson, *Ne me quitte pas...*

Et déchire, en salissures, le rêve
Des arcanes, pierres du temple de Salomon.
Alors je me penche sur mon esprit,
Et avec un éclat de spiritualité, je chuchote :
Je te pardonne !

La Pierre cubique

Le frais Apprenti lorgne sur le tableau
Vers l'Occident et le Midi, la pierre cubique.
Il dévide le catéchisme symbolique
En candeur gravillonnée d'étoiles.
Le Surveillant retient la fougue en précipices
De l'Apprenti morose et un peu déconfit.
La pierre cubique ou polie, selon les rites
Serait un factice insinué par une présomption
Et par le désir des fausses fenêtres :
« Un jour, tu passeras de la pierre brute à la pierre
cubique,
Voilà l'épicentre de la quête entamée dans les éclats.
Pour accomplir ce destin, prends les outils
Rangés avec obsession, sur le tableau docile. »

Le disciple enfourne l'étrier
Du cheval apprêté de glissandos naïfs :
« Je saurai tous les mystères
Aux couleurs d'espoir et de planches documentées,
Quand mon mérite essuiera les derniers gravats
De la pierre brute enfin dégrossie ».
Le Surveillant hoche du bonnet.
Il couine un oui rasséréné et attend.
L'Apprenti, dans l'avorton de la liesse, éructe :
« La pierre cubique est parfaite,
Le mimodrame sera accompli,
En vêtures de félicitations
Que je guigne, mon Frère, si tu ratisses
Large sur ma houppe de pèlerin ! »
Le Surveillant, pas benêt, maugrée

Dans le silence compassé de la transmission.
Il attend d'autres fioritures adornées
De candeur domestique et de feu complice :
« Je m'acoquinerai sur la colonne du Midi,
En compagnonnage véridique.
La pierre cubique ne loge-t-elle pas au Sud ? »
Le Surveillant se rengorge et s'écrie
En nuances de caprices spirituels :
« Peut-être, un soir à minuit, tu exploseras enfin
En rêve de fées, de plénitudes et de guipures bleues
Dans notre Loge rêvent les serments fraternels ».

L'errance est un viatique bosselé du Franc-maçon.
La pierre cubique ne pousse pas aux filandres ;
La tribu des arcanes, symboles, mythes, rites
Ne crache pas, en délire, les symptômes
Du Soi réalisé dans la gloire de l'Un,
Sous le tapis verglacé et opportun
Du moi, amant d'apparences.
La carbonade atterrée des symboles ahuris
Dans les grimaces affectées en épanouissement
truqué,
Recèle pourtant des salons aux caves
Blotties dans le giron du corps-esprit.
La pierre cubique est ici. « Vois,
Sur le guéridon de lactance immortelle. »

Cette pierre beugle aux assourdis :
« Ne voyez en moi que ce qui vous sied
En résonances lourdes de sens.
Laissez la tutelle des réponses.
Aimez-moi pour ce que je suis en votre sainteté.

Pierre cubique, je ne suis pas une pierre ;
Pas plus un cube lorgné par votre conscience.
Je suis, comme ma famille, dans l'étreinte
De l'inspir et de l'expir
De vos grandes vagues enténébrées.
Je suis, sur votre Voie de satin et d'ambre
Une condition, un chemin, un réflexe
Dans l'esclaffe ébouriffée de l'œuvrier à la peine. »

Un idéal, une image du berceau ensablé
Des hiéroglyphes sacramentels.
Le Rite de Fraternité loue les services
Des fantômes cruels et joyeux,
Qui rient et pleurent dans les souterrains du temple
Éthéré, aphrodisiaque, abandonnique.
Pour la mesure d'un boisseau de sagesse,
En gouttes de plongée caduque dans le Tout et l'Un.
La pierre cubique, polie et courtoise
Se laisse effleurer pour engrammer un destin.
Elle secrète, en offrande, la complaisance
A rejoindre ses compagnes et ses aides de camp,
Boussoles prostituées des traditions humanoïdes.
Les voici, dans la brocante des choix allumeurs :
L'étoile flamboyante, les cierges, le delta
Et puis la voûte constellée, le delta rayonnant ;
Vaste libre-service à l'enseigne rutilante
De la Lumière.

La Tolérance

Les cabris capricieux de l'éthique
En valse enamourée, en sauts spinoziens[1],
Trépignent les sens du mot « Tolérance ».
La tolérance avance au roulement
Des tambours de l'idéologie maçonnique ;
Au roucoulement aussi des initiés de bonté.
En bas des grandes volées de marches meurtries,
S'énoncent, en lettre d'opprobre et de sacrifice
La sentence radiculaire de Saint Exupéry[2] :
« *Si tu diffères de moi, mon frère, loin de me léser, tu
m'enrichis* »[3].
Comme un bréviaire dans le souffle des villes et des
ports.
Lire la phrase, encore et encore, c'est participer
Aux joies ensoleillées des sourires confondus.

Holà ! Pas si vite en besogne addictive.
La tolérance de la différence
Est une brebis bien souvent égarée
Sur les pâtis de bien-pensance alitée.
Le troupeau chevrotant, lui, en sabotines ourlées,
Bêle le proverbe de sagesse anthropique :
Qui se ressemble, s'assemble.
Les premiers pas dans les vagissements ésotériques
N'est-il pas cette reconnaissance du pareil,
Dans le refus d'une altérité dénouée :

---

[1] *Spinozien* : Néologisme en souvenir de Baruch Spinoza, philosophe fort à la mode. Il écrivit L'Éthique entre 1661 et 1675.
[2] *Les grandes volées de marches…* : L'escalier principal du GODF, rue Cadet.
[3] Phrase tirée de Citadelle, œuvre posthume de Saint Exupéry (1900 – 1944)

Mes Frères, mes Sœurs, me reconnaissent pour tel ?
Effort de contrition de meute égarée :
« Il y a des limites à la tolérance »
Douteuse suspicion des contrats cachés,
Comme assumés en haine arrogante
Sur le palimpseste de la vie désirante.
D'abord, épris du désir du semblable,
Éponger en vives eaux purificatrices
Les jugements terroristes sur ses Frères.
Au risque de leur faire zire,[1]
Avec les couinements et les égratignures
Des verdicts accusateurs.
Je t'aime car tu es comme moi
Sort d'un alambic fumant,
Dans les outrances de vapeurs
De désirs et de haine entremêlés.
Nous sommes d'abord lésés par les différences
Dans la scrutation de nos émois.
En racisme infime et dévoyé,
Je rejette le différend qui guette
Aux aunes de ma sécurité fardée.
En enfouissure méfiante de l'étranger.
Pas pour moi ! Oui, la différence m'enrichit
Car l'écoute profonde de l'autre laisse toujours un
émoi
Dans le frais pavillon des oreilles fanées.
Les cornemuses stridulantes de l'étrange
Dénichent mon repaire d'accueil et de confiance.
Le glas tournoyant des différences s'insinue
Puis explose en rançons de dettes.

---

[1] *Faire zire* : agacer, énerver en vendéen, puis ailleurs.

Au trictrac de Marie-Antoinette, les bizarreries,
Les étrangetés comblent de leur faste les pores
alanguis.
L'en-moins de la différence flanquée
Des cordes de l'estime, lèse le parturient de la
sagesse.
La tolérance est une rombière de fausseté
Si elle ne fait pas lit avec la fraternité.

Réjouissances ! « Va plus loin !
Assure-toi maintenant des loups
Qui hurlent dans ta cave.
Va les trouver, les appeler, les amadouer.
Forme inlassablement le bouquet de tes fleurs de
colère.
Abandonne la mitraillette révolue de tes haines
recuites.
Caresse ces loups de tes peurs de différences.
Reçois en pompe les mots qui te singularisent.
Je sais : La différence ébrèche qui la reçoit
En assouvissements paisibles.

Les cornemuses stridulantes de l'étrange dénichent
Ton repaire d'accueil et de confiance.
Les barcarolles de l'autre fondent leur tempo
Dans les rocamboles bleues de ton âme.
Les grands coulis de vase étrange nourrissent
Tes poreuses terres aux frontières abolies.
Narcisse, louange ton beau visage, en
retentissements sonores
D'affections pour l'autre. Il attend ! »
En bref, la girouette vire vers l'estime de soi,

Parangon du désir d'amour.

À l'entrée de la Loge inondée d'impatience en pluies,
Dans le buisson des ressemblances premières,
Engrave la farandole des baisers liminaires.
Ronronne le bénédicité des différences
En offrandes gaillardes et hardies.
VITRIOL, certes mais il y faut
Un maillet solide et un ciseau secouant.
Affronter les différences les plus cogne-au-poing.
Laisser les peurs bourgeoises au perroquet de bar
Oser et oser encore et toujours,
Les assertions politiques et religieuses ;
Monter au faîte de ces murailles adamantines.
Le test imparable de la tolérance
De vraie lignée spirituelle

La tolérance soude, en sève,
Les blancheurs du Soin.
Aux fronçures de la Loi
En une alliance respectueuse.
Elle embrasse la nudité des différences.

« Écoute, rectifie et taille
Dans le va-et-vient des aveux,
Par les tolérances aimantes,
Ta pierre, la mienne, les nôtres,
En Fraternité. »
J'ai dit !

L'Acacia délétère

Je regimbe badigoinces serrées en offrandes captives.
La Voie maçonnique orpheline ne bêle pas avec les
vaches
Ni ne meugle avec les moutons.
Elle file rituellement sur l'arrachage
Répudié d'une branche d'acacia qui couine
d'esseulement.
Les prédicatures attifées des sourires
Des adeptes de campagne verte, illusoire
N'enchantent pas les solstices d'hiver et d'été.
La Voie, pour vivre, doit être goulue,
Avant les longs lambris de mines abattues.
Le système socio-planétaire va crever
En bulles filandreuses d'acide prussique.
Hubris de l'Homme désaccordé !
Sœur, Frère dépêche-toi !
La Voie dort, désormais, sur des lauriers de
plastique,
En quémande de tintouins sans sèves ni tigre.
Dans les jurandes pavoisées de sentences de pierre,
Pas une mousse, pas une ivraie, pas un pâturin.
Montagnes, océans, bactéries, nuées, lacs, rivières :
Quincaillerie honnie de la Voie au dieu insomniaque.
« Ô Rite forestier, bon cousin, pare-toi de lierre, de
clairière ;
Viens avec la Mère Cataud
Mène-moi au sortir de mes engoncements humains
Sur les chemins des plénitudes de nature féconde
Aux entrebâillements, grippés de spiritualité ».

Conscience, raison, humanité… mots de rang
subalterne.
Plutôt l'humanimal noyé en joie
Dans les étendues antilopières et félines.
Les saisons virent de saouleries
Comme trois degrés en Voie maçonnique.
« Tégénaire, épeire diadème, revenez, je vous aime.
Les mantes religieuses de stricte observance
Dévorent le mâle, en soumission estivale.
Loi mantique de dégustation érotique !
Courir nu dans les vagues ?
Chromo en lassitude de série B ;
N'empêche, les éclaboussures salées de l'eau roulée
Sacrent le corps en baisers d'algues, de dulses et de
wakamés.
« Ô Francs-jardiniers venez et partageons
Les hululements de la hulotte
Aux houblons arrondis du hibou.
Et les crapauds chauds des boutures d'estragon
Sauvages sous le chêne centenaire,
Dans son habitacle de mousse et d'écorce velue ».
Hêtre, coquelicot, schiste, lac,
Tout cause et me tanne de révélations inédites.
Alors, en courbes des sourcils, en aguets auriculaires,
Je chuinte d'amour pour les animaux, mes cousins
germains :
De royale essence, ma caniche me fixe en yeux de
jais,
Sans ciller aux importunités de niche et de pitance.
Elle dévisse mes placards, déhanchent mes cloisons.
Elle vrille en moi l'infini silence, les feux-follets

De mon intensité aimante, en sacre de naissance
spirituelle…
Voici, la chatte au regard de porcelaine vierge ;
Elle me fixe en clous de malandrins de fumée,
Dans les secondes affolées qui lui révèlent
Les entités sombres et pailletées
Qui m'auréolent dans leur danse fantomale.
Je ne bouge plus. J'attends qu'elle se dépare
Du rivetage de ses yeux carminatoires.
La souris, à son tour, trotte menu de mon antre,
Débobine ses moustaches d'épicentre tactile.
Les brindilles qui croisent les panthères, les iguanes,
Les phacochères, les colibris, les guêpes aussi
Entament la litanie éternelle de la nature immuable.

« Aux forts frissons du feu de mes artères pourpres,
Je balance, en quiétude universelle,
Ma conscience, pute au lit des tics épuisés de raison,
Dans les intelligences vautrées des hominidés.
L'UN claquette, craquette, et exhausse
A mon cou et mon ventre, la Lumière
Qui me tue enfin dans l'Orient éternel
Des choses non sues, accomplies de jouissances.
La Nature en Terre et en Ciel me hèle.
Moi ? Qu'un puzzle mal agauchi dans
Le Tout de l'infinité dissolvante.
En aubades de soumission d'orgasme,
Où suis-je, qui suis-je ?
Le vide en plénitude ;
La joie.

Le Cabinet de réflexion
Et la mise bas

« Le Cabinet réfléchit le chemin à moi, le nouveau-
né,
Du gîte paradisiaque aux abords périlleux
Des engoncements de la sortie.
« À l'air libre » qu'ils disent. Dans les pays étranges,
Humanoïdes, de nourrices et de valets grossiers.
Je veux alors dévider le trait de mon destin
Dans les asiles-refuges des chemins initiatiques.
La Loge, j'y vais dans les pitreries d'artifice sincères
De l'affection fraternelle,
Elle me brosse au frottis de l'oubli du ventre !
« Écoute et rappelle-toi ! »

Je descends : deux heures de réfléchissement.
Par le maelstrom de l'obscurité,
Rendez-vous pris pour un rayon de brillance.
Solitude pour le moi-fantôme exténué de bonnes
raisons.
Que ne bouge pas une patte, immobilité,
Aux délices cantonnées à l'épiderme râpeux.
Les drapures du silence collent à mon cerveau ;
Je déclare forfait en sursauts de guimpes d'esbroufe[1].

En chevauchées pesantes et lassées, je descends en
terre
Dans les parcs échaudés du vibrionnant profane.

---

[1] Obscurité, solitude, immobilité et silence : ces quatre termes qui évoquent si bien la Cabinet sont de mon Maître Daniel Beresniak.

Aux ors déclassés en sentences avides,
Je mise sur mes troubles émotifs.
Ils m'engrènent sur le varan jaune affalé en moi.
La cristallerie en grabuge de casse amère et
doucereuse
Cabinet, geôle de mes défuntes pensées et matrice
des dimanches fleuris.
Sus au maquignonnage des dissonances cognitives.
Je ferai ce que je dirai, héroïquement,
Dans l'engravement des coulures de matrimoines
tendres
À l'enfançon qui bêle de frissons de colère mâtinées
d'amour.
Les cargaisons des paquebots mafflus d'erreurs
Filent au radoub de consolation
Dans les gravières de Loire les galets trompeurs
Roulent sur les pierres polies mal endiguées
Par les eaux immuables des prétextes et des préjugés.
Le morne labeur des hideuses complaisances,
Dans la parenthèse en déglingue de la lumière
sabotée

Bientôt le sas d'entrée vers la vie sombre et brillante ;
Demain, reptation sous la porte basse,
Dans l'oubli de l'utérus chaud. Crucifié !
Fœtus-microbe de fol azur aux langueurs océanes
Flaque de plasma de la demeure chaude du roi
utérin.
Les succédanés des attifures blêmes
En myopie du ventre de peau maternelle
Caramboles et rocamboles, la valse plasmatique
m'échoit.

La chair chaude et carrée da la matrice aux rebords
arrondis.
Reste devant la porte si tu veux qu'on te l'ouvre.
Rien n'est fermé jamais, sinon à tes propres yeux[1].
Embourlingué dans le col placentaire expulsé de
moiteur,
Je glisse sur les rails de chair révolus et hurlants.
Les ondules musculeuses du col de lapis lazulis.
L'encorbellement des lèvres m'expulse
Vers le hourrah des merveilles.
Aux pâleurs du fenugrec marin,
Dans la traversée mouillée, en suffocations d'air
À hue et à dia quand les chairs sont pétries, roulées,
et cabossées ;
Epreuve de haut lignage de mémoire symbolique
inclusive.
Le carquois dévissé de la coiffe du crâne
Pousse et tire, broie et malaxe
Mon corps nabot dans le fraiement du col.

Dans l'épouvante des glaçures ressenties,
Je flageole en roideurs pulsatiles.
Paupières gelée dans l'effroi de la Lumière
Comme un bandeau qui choit devant le flambeau
universel.
Balises embastillées dans le renversement
Indigène, corruptible de la race humaine.
Tête en bas vers la terre, pieds en haut vers le ciel,
Suspendu en gigotines de malaise.
Les caramels attentifs et dégrossis

---

[1] *Reste devant la porte... tes propres yeux :* Sentence du poète persan Farid
Al-Din Attar, mort en 421.

De la foutaise des cris de la sortie.
Épreuves initiatiques en redondance
Mémorielle de la naissance accouchée.

Endroit sirénique, aux chants d'espérance.
Je me rappelle la double excavation
De ma surprise, au bris recollés de ma mémoire.
Peut-être, le lent massacre des tromperies
Profanes dans la Loge affectée de degrés
De croissance spirituelle, en promesse de Lumière ?
Vivre, en consentance de mes racines immémoriales
Le serment de divine humanimalité :
Une spiritualité pour agir,
En grand-messe d'apparat
Où j'officie, en chasuble de laïcité,
En tolérance de gravure et de gouache en suspens.
Je piaille de désirs de commensalité,
De langueur assoiffée de Fraternité.

Mais aussi, une parodie étrange, enfouie dans le
terreau
D'une nostalgie bondie de mon inconscient
Pour devenir sapience de beau ramage.
Le lourd accouchement obstrue,
Égrène un mythe à nul autre pareil :
L'horreur musculaire, émotionnelle, la peur du
broyage,
Me chapardent le besoin arrimé aux entrailles,
Celui de revenir dans le ballotement des caresses
chaudes, utérines,
Là où, fœtus ensorcelé, en creuset de somnolence de
merveille,

Je girai en ratatinement céleste, dispendieux de
fusion.
Regressus ad utero,
Remembrance de la porte basse, de folie ouverte,
Du chemin de retour, dans l'ivresse des adieux
profanes.
Arriver en innocence d'innocuité dans le ventre
De la Mère-Loge.
Et de là, glaner les émoluments de l'ataraxie :
Ma vie est une brisure dans un univers filandreux.
Je sais désormais que mes gerçures et mes laudations
Prendront, un soir, pour compagne, la camarde
Ce soir-là, j'ouvrirai la porte basse
De l'Orient éternel.

Le Couvreur

« Mon Frère compagnon, tu veux bien être Couvreur,
ce soir ? »
Enfer et damnation[1] ! s'écrie Dante en spasmes
avoués.
Seul le Maître chenu, cabossé, aux peurs dessillées
Peut assouvir la demande gourgandine.
Sans le Couvreur, la Voie agite un moignon
Par l'amputation de la moitié de la doctrine :
« Une spiritualité pour agir ».
La tenue pour croître en fraternité aimante,
Aimantée par le devoir désirant
De poser ta minuscule pierre
En espoir d'humanité.
Pas de Voie sans transfert concret,
Avec des actions embrigadées
Dans des valeurs de bronze.

La sagesse en son milieu, agité sans cesse,
Aux tours de guet de la mesure du compas,
Est mobilisée pour vivre la quête.
Le milieu de la Chambre insoupçonnable,
Mais aussi, dès la tombée du bandeau,
En hiéroglyphes avinés et précis.
L'initié entre en Loge dans les effrois rassurants de
l'Occident.
Il est « entre les colonnes ».
Soulevons le poids du sommeil, pesant sur nos
paupières :

---

[1] Dante Alighieri (1265 – 1321)

Une ligne d'images corrompues par le secret
Nous relie au trône de l'imposteur, le Vénérable.
Entre les deux, le tableau coince le va et vient espéré.
Le compas : Il faut tourner, en une circumambulation
Ephémère, raconteuse, racoleuse.
La ligne du milieu est un mystère pour les ouïes,
Les iris, les pas d'orgueil.

Elle chante, pour celui qui avance en gouttes de
conscience
Les fanfares rousses de la lune,
L'ébriété du soleil sur les clochers crucifiés.
Entre les deux bornes, les deux colonnes,
Dans l'écartèlement des quatre points cardinaux,
La ligne du milieu se rompt au centre immuable de
l'univers.
Sensation de la naissance vitale et du trépas arrogé :
Dans les avant et les après.
Dans les fragrances arrondies des saules de la vie,
Et la mort maussade rôde, aux lisières de l'espoir,
Quand elle s'exaspère aux larmes du visage.
La stature est donc requise pour emblématiser le
Couvreur.
Il ouvre et ferme la possibilité de la ligne,
Nanti des clefs corpusculaires.
Gaïa et Minos tout à la fois
Sans la dérision d'une antenne indiscrète
Rouillée et calcinée par le vent.
Le Couvreur vérifie et contrôle sans relâche.
Il regimbe et bouscule dans des propos scabreux
Celui qui porte le maquillage grimaçant
Du laisser-aller pourri de mots rieurs

Et de boiteries qui se moquent des trois pas du
milieu.
Il s'en acquitte, la mine gourmée,
Et ne laisse voler un papillon de soupçon.

Il fanfaronne, sans ambages, l'alerte
Quand des coups grasseyent à la porte de la Loge.
Il se lève dans le courroux de l'homme aux offenses
Ouvre le guichet, salive la qualité du trublion
Et, dans une procrastination évanouie,
Rapporte immédiatement au Surveillant.
Ainsi, il veille sur notre sécurité, notre bien-être
Aux voûtes concassées de nos affections partagées.

Cet officier dans sa veille tripartite,
Sait ses œillades à l'Hospitalier et à l'Orateur :
Parce qu'il nous aime, il nous protège.
Parce qu'il est gardien, il cingle avec la règle.
Le Couvreur annonce le Soin
Et porte la Loi.

Car chez nous, peu nous chaut le destin ;
Nous savons le libérateur qui ahane
Dans les atermoiements
De la Loi et du Soin.

Les Surveillants

En complexe symbiose cathartique, les Surveillants,
Dans l'imaginaire attelé aux Apprentis, aux
Compagnons.
Jeu de mots affiné et veule :
Ils doivent être sûrs de bien veiller.
Pas facile d'effacer l'ardoise des mœurs et couleurs
de chacun
Pour recommencer, en craie bleue,
À griffonner le tableau des faits et méfaits de leurs
participateurs.
Dans les comités d'apprentissage,
À L'oie et le gril[1], ou ailleurs comme
Sous la voûte modeste de l'appartement du 3e étage
D'Henri le Compagnon, de Denise, l'Apprentie,
Ils fondent et refondent sans cesse la mer d'airain.
Ils s'essaient, trop souvent en lancinants
trébuchements,
À coincer leur parole en millimots.
Foin des discours irrévérencieux
Posés sur l'étal d'une érudition,
Enserrant et engainant les jambes
Désireuses de foulées d'être ;
Non pas de ruissellements de savoirs écornés,
Mais de souffles partagés

À L'aune imputrescible des silences,
Ceux qui sont les premiers de cordée
Dans les gouffres amers

---

[1] *L'oie et le gril*, nom du restaurant où se réunirent les premiers Maçons spéculatifs, en 1717.

Des sollicitudes en ses tréfonds,
Attendent la becquée
Hélas !
Car ils s'égarent dans les méandres
Des choses sues et convenues.
La superficie n'est pas le puits.
Surveillant, pose des questions
Dans le moulinet des points cardinaux de l'autre.
« On s'initie par soi-même » comme ils disent,
En lucidité de cristal.
Surveillant, dans les grandes veilles de la matutinée,
Rends-leur leur Force aux cônes ébréchés ;
Émiette la Sagesse en confettis ;
Saupoudre leur tête avec ces embryons.
Allez, pousse-les à lever le voile d'Isis
Pour qu'ils crèvent, en un clic, de Beauté !

Veiller ? Surveillant fais jouir ce mot
En ses trois veines attributives,
Retentissantes d'émotions larvées,
Aux coulures d'éveils intérieurs :
Faire le guet comme un veilleur déclassé,
Attentif aux émois de ses adeptes.
Contrôler, en rude mission rouge,
La bonne tenue et le silence sur sa colonne.
Veiller, comme un parent débusqué
Au bonheur de sa progéniture.
« Attention, Surveillant : tu n'es ni le père, ni la
mère !
Laisse l'autre en vie de solitaire ! »
Peins et repeins sans cesse ton instruction.
Pas de préférence, trouve le levier.

Bref, joue les candices charnues de la truelle
d'équité »

« Apprentis et compagnons te boivent
Comme un modèle, en ruades sur leur chemin.
Ils témoignent dans la tenue, de leurs coquetteries
sacrées.
Sans entourloupes de bave sans cesse répétée.
D'aucuns veulent ta peau, dans les corridors secrets
Des choses non dites dans le bouillon des pulsions.
Accueille Hiram en son mythe,
Générateur de la domestication
De l'agressivité turlupinée de l'humanimal.
Ta colonne est ta réserve personnelle
De tes progrès, à l'encan des ritournelles initiatiques.
Engraisse-toi de leur bric à brac,
De leur soudaineté et de leurs offenses
En dérapage sur leur chemin.
Surtout distribue sans compter tes pochettes
d'affections.
Comme des oies joyeuses,
Ils vont faire comme toi :
D'habiller des brocarts d'or de l'amour.
Tu auras fait ton devoir,
Surveillant ! »

Sagesse

La Sagesse, de soieries blanches,
S'égosille et mord les bords
Du chemin de loyauté.
Pour qu'advienne enfin,
Dans les sourires pointus
L'étrange balancement
Sans tourbillon.
De l'esprit, les plis et replis de la constance
apprivoisée ;
De la constance hérissée d'énigmes abandonnées.

Je me tais et résume mon propos :
La Sagesse, désormais, peu me chaut.
Balancé dans les intrigues blanches et noires
De mes désirs et de mes soupirs,
Je renonce, sac au dos
Et virevolte dans les brumes épaisses et tues
De notre Fraternité.

« Allume, Expert, le pilier de la Sagesse,
Mais ne te méprends pas dans les lacis de l'histoire.
Veuve, sans voiles,
Du passé, cure et recure
Le fonds fangeux et frétillant
De l'esprit. »
La pêche alors sera bonne.
Car la Sagesse te laissera bafouer les codes de
l'honneur.
Claque, Sagesse,
Sans saveur carnée et sans pudeur.

Montre dans ta nudité
Les formes arrondies
De ton âme rassasiée
Qui hésite, vole et s'abat.

Éviscérez-moi les mâles !
Castrez, s'il le faut !
Les guerres, la torture, les jouissances arrachées
Sont un tapis noir
Sous les mots mielleux et galvaudés.

Pour l'éclat des yeux d'un enfant rieur,
Pour le myosotis qui adoucit,
Pour la rose rouge
Qui dompte ses épines éprises du bourreau,
Sagesse, tu as besoin de couilles et de boyaux.
Mais pas trop !

Toi, Sagesse, craque et claque sur mes parchemins,
voilés de désespoirs.

La Chaîne d'union

Après les vêpres matutinales des ordalies sacrées,
Le Vénérable maître en poésie symbiotique :
« Mes Frères, formons de nos mains nues
Une vibrante chaîne d'union ».
Chacun l'attend, sans métal, humanimal,
Cornes désargentées des taurins en piétinance
On sort de la colonne pour les frimas
Et les tendresses de la ligne du milieu
Saoule de tant d'humeurs unifiées en rondeur.
Les paumes s'enlacent et s'embrassent :
La paume gauche reçoit en source réceptivité ;
La paume droite donne en superbe émissivité.
Tout est dit ainsi, dans le peau à peau qui 'éveille
Des aurores pourpres en craqueline verte.

Tout est affection, en secondes pesées.
Lointaines, les barcarolles déchantées des mœurs
dissolues.
Au revoir les anicroches de la Fraternité
Masquées en tenuc dans l'oubli fallacieux des
morsures ;
Va le vespertilion crochu aux aubades bleues
Du cri des mouettes ritualisées.
Finis les chatouillis de mâle alpha
Ou de femelles dans l'envie désireuse.
Finies les fumerolles gélatineuses
Des contre-pouvoirs ourdis.

Le Vénérable psalmodie l'exhortation,
En catimini d'eau douce et de soie princière

Elle s'allie aux battements cardiaques
Le cercle mal fagoté bruisse en soupirs de
spiritualité.
Des corps s'inclinent vers le centre.
Frelonnons nos nudités palmaires
Dans l'éternité des peaux salutaires
Avec le salut exhaussé des émotions trémentines[1]
Les mains renoncent au geste, tout en apostasie
De vicaires désarmés au pied de l'autel.
L'absolution ruine les collines délavées
Des initiés. Oublieux de leur unicité.
Au lointain de leur chemin, ils tricotent
Les vapeurs du Tout
Comme UN.

Maintenant, Les aubes de l'esprit en levades,
Tous, dans les frémissements intimes, de prompte
allure,
Jurent et entonnent les précipices hasardeux de
l'humanité.
« Ce n'est qu'un au revoir, mes Frères… »
Ou, dans le même labeur diamantin :
« Quand les Hommes vivront d'amour… »
Moi alors, je laisse mon moi.
J'ai trop d'émoi dans les tessitures,
Les filatures des voix abandonnées en liesse douce
La Voie se lève hors des voix singulières.

Nous sommes UN, dans l'évanescence de l'instant

---

[1] *Trémentines* est un village des Pays de la Loire. Il invite aux purifications avec le lac de Ribou et la rivière de l'Èvre.

Plus de langue aux bris de phrases dispersées.
Tel rocaille, tel chuinte, tel zézaie ;
Plus de différences aux enrichissements de carton.
Plus de terrain mielleux des ententes secrètes en
sourdine.
Les tripes tremblotent, sanglotent.
La batterie tambourine en Houzzai écossais,
En somp, tueuse et bavarde devise républicaine
Et puis, la chaîne se dénoue
En saccades ternaires de connivences tendres
habillées.

L'émotion de la Loge s'abolit.
Chacun revient, ivre en loucedé, sur sa colonne.
Il retrouve son œuf moléculaire si chaud
Et retourne, outils en dextre, au chantier spirituel ;
Dans les coques concassées
Des carrières de craie.

La Voie maçonnique

Dans les refuges rouges des ténèbres engourdies,
Notre Voie cingle, voiles rituelles au Levant,
La martingale de nos cœurs enflammés,
De nos esprits qui tonnent
En canonniers d'aurores irisées.
Oswald[1], un de nos grands chenus,
Prétendait que nous heurtions
Des pierres de limaille,
Poudre de nos métaux usés,
Bannies à la porte de la Loge immaculée.
Il clamait aussi que notre Voie,
Dans les gargouillis funestes de l'humanité,
Pouvait la sauver des crochets du désastre.
Nous tous, initiés d'aube blanche et de surplis noir,
Laissons les moulinets estropiés d'émotions
galvaudées !
Acceptons les moustiqûres des épidermes tassés des
aveugles !
Avançons, pétris de spiritualité !
Plantons les chanterelles du Grand Œuvre universel !

La tenue maçonnique, en toute aristocratie,
Dans le hasard des égrégores ranimés,
Nous arrache à nos conditions d'esclave.
Les alliances rituelles nous étreignent,
Nous poussent hors de nos contrées ensauvagées.
Nos tympans résonnent

---

[1] Oswald Wirth (1860-1943) : ésotériste, secrétaire de Stanislas de Guaïta et Franc-maçon. Il eut des presciences maçonniques surprenantes pour son époque.

Des affections consenties en séries bleues.
Oui, nous sommes prêts, humanistes de mission :
Accouchons désormais du Rite de Fraternité.
Dans les gouttes de secondes, dans les chapelets des
minutes,
Pratiquons ce Rite, en foi laïque déterminée.
En libération de nos pestilences intimes,
En libération de nos élans d'empathie,
En libération de nos échafaudages empierrés,
Pour que l'enfant rieur en nous
Tourneboule nos têtes envahies et ravies,
Se fonde dans les vêtures de la voûte étoilée.
En brocard rituel : « Quel est ton âge ? »
« Dans les soies câlines de mon enfance,
J'obtempère et bourgeonne avec les ans,
Comme trois arbres brisés
Cinq fleurs tressées en compagnie
Et sept mousses duveteuses ».

En pleine bifidité, notre Voie, en tenue,
Sollicite les émotions de pierre brute.
D'elles seules, advient la plongée dans le parc de
l'autre.
Les savoirs, la raison obtuse, les standards,
Les planches alourdies d'érudition, empêtrées
d'histoire…
Voilà le bric-à brac de nos excuses planquées,
De nos ronrons fallacieux
Ils garrotent les compas du cœur, les équerres
sensibles.
Nos émotions d'import-export
Fourbissent le sens de notre vie

En fracas des chercheurs, lutins, elfes trolls
De nos esprits stipendiés de gloire.
Les cavernes tambourinantes de nos sensibilités et
du sens de la vie
Explosent nos désirs de libération,
Ceux de l'esclavage de l'humanimal[1] chevrotant.
Car dans les plaines d'auburn compassées,
Nous ne pouvons cheminer sans le fardeau
De la soumission engluée dans nos reins,
Nos synapses, notre flore en nos intestins.
Notre Voie ne s'enquiert pas de nos avis frelatés :
Elle nous plie, nous courbe, nous balourdise
En imposant un rituel de redondances secrètes,
D'attrape-mouches des rebelles sans pudeur.
Alors, dans les imbroglios de notre cerveau
Et de notre ventre malaxé,
Le rituel divin soude notre soumission.

Libération ET soumission,
Lits de l'avènement de la spiritualité.
Oxymore géant aux persiennes de l'initiation :
Le chant de la prairie et la noirceur de la geôle.
Inspir et expir.
« Courbe la tête fier Sicambre[2] » !
Lève la tête et baisse ta figure,
Dans les vespérales et matutinales danses,
Sur le rocher et dans le gouffre.

---

[1] *Humanimal* : j'aime et j'emploie souvent ce néologisme de Daniel Béresniak.

[2] *Courbe la tête, fier Sicambre* : Attribué à Rémi, évêque de Reims et adressée à Clovis (466-511), lors de son baptême.

Salue, par les trois pas, le Vénérable,
Après l'embrassade pas galvaudée du Couvreur.
Bouillonne, endors-toi et crépite grâce à la tenue,
Du Rite de Fraternité vêtue.
Enfin quitte l'orpaillage des moissons spirituelles ;
Et sors, en belle rassérénance
Pour construire, hors Loge,
Le Temple aux sourcils dubitatifs et profanes.
L'enfant affamé, le clochard esseulé, l'humanitaire
muselé, l'immigré esseulé…
Voilà tes combats translucides, à l'instar de nos
Frères américains
Alors, par la Voie, noie-toi dans le sens de ta vie.
Et tu seras Franc-maçon, mon doux Frère !
La circumambulation sera achevée.
Alors, tu essaimeras, en vérité,
Les arcanes spécieux d'une
Spiritualité pour agir.

Les Métaux

« Laisse tes métaux à la porte de la Loge[1] ! »
Le sas ne serait donc baillant que pour les
renonçants ?
Oui ! Farfouillons dans la logorrhée ;
Des métaux de la materia prima au Grand Œuvre.
Dans les gris quinconces du chemin de l'initié aux
aguets,
La vigilance métallique est une travestie,
De craie de charbon sur les palinodies de l'être :
L'aluminium de l'avoir toujours plus,
Le nickel apparent des copiages,
Le béton de nos demeures intimes,
Trois métaux qui rongent notre armature spirituelle
En devenir d'argent et d'or.

Pas de gourmandise effrénée ! Avoir plus que les
autres ?
Balaie les glaçures labourées des achats
Compulsifs, écervelés et merdicants.
Que passent et filent, en sourcils envieux,
Le majordome et l'échanson de l'avidité
consommatoire.
Arrache de ta chair cervicale, épuisée
Les aiguillons tyranniques des achats maléfiques.

---

[1] *À la porte de la Loge* Et non à la porte du Temple, comme le REAA l'a inventé, en toute prétention. Et sous l'influence des usages de l'Eglise. C'est hélas ! Aujourd'hui en usage un peu partout. À proscrire absolument. La Maçonnerie anglo-saxonne, le Rite français d'origine (1786) n'emploient pas ce terme. Surtout, l'essentiel mythique de la Voie maçonnique est de construire le Temple. On ne peut dès lors y siéger.

« Je veux avoir de l'argent, beaucoup, plus que les
autres ! »
Alors le Franc-maçon soliloque :
« Je te connais et salue en moi, là où tu frétilles,
Colère consommée d'hubris métallique.
Je déronge ton frein en arabesques de recul salace.
Dans les sourdes fondrières des infections tues,
Je t'ordonne, ma colère, de quitter
Ta peau déplumée d'ires de grumelages.
Je coasse le salut à ta parèdre,
La douceur à la bouche de robe fraîche. »

À tout jamais, les crises d'avoir hystériques ?
Désormais, en rituelle remise au Couvreur,
On se déleste de montres, bracelets, colliers et
bagues,
Et on entre en courbe silencieuse et allégée.
On joue pour de vrai !

Le nickel de la mode brille et luit aux yeux affadis.
Enfermés, nous sommes, dans les coffrages
Intempestifs des modes asservissantes.
« Comme tout le monde ! Je veux ! »
Cri confortable, aux saveurs délétères.
À n'en pouvoir plus des imitations sans forceps.
Elles rassurent le peureux de la solitude,
De la personnalité mal arrimée.
Il hume, en dure résolution, les modes.
Il mendie les carpaccios gratuits
Aux portes des envies de copiage effréné.
Il ingère le carbonate des luisances envieuses
Des portefaix d'étendards si bien à jour.

Il respire, expire, soupire en aise
Dans l'affalement des langueurs monotones
Des valeurs et bijoux à la mode ; des morues
Du paraître fondu et moderne.
Pour que vive le carbonate des luisances
Envieuses des portefaix aux étendards si bien à jour.

« Allégé de l'aluminium vain et du nickel luisant,
Tu rêves le déploiement d'une spiritualité qui
t'anoblisse.
Tu commences à lire les partitions
De l'orphéon grinçant des symboles et des mythes…
Bâtons de pèlerin égaré sous la lune.
Tu frémis devant l'holocauste
De tes croyances, tes certitudes, tes jugements,
Tes a priori, tes préjugés… de triste maquette.
Te purifier de ces animalcules
Lovés et vissés dans ton évidence ».
La tenue est une arène où l'adepte
Pique les banderilles sur son corps halluciné
Par les différences vantées sur les colonnes.
Mais le sentier trébuche aux cailloux.
L'initié, enfançon rêveur, se rengorge ;
Il saisit l'épée de sa raison défenseresse :
Il vaut pourfendre ses idées de marée basse,
Il refuse que de tels gigotins affreux
Minent la bâtisse du repos,
De planches brinquebalantes,
Qu'il nomme sa personnalité.
Car au-dessus des tempêtes carabinées, invisibles
La conscience flouée se maquille ;
Une péripatéticienne qui trompe l'initié assoiffé.

Les arcanes, les tenues et les degrés
Aident-ils à refuser son bordel ?
À l'aménager, en acquiescement libre.
On ne cesse le charivari
Du bandeau qui tombe et revient.
Dans les clameurs des tranchées
Assiégées !

La Lumière

La Lumière s'ensache en vanité, vêture et vide.

Les grassouillets brandons s'alignent sur les grèves
trompeuses
Des éclairs de zigouillis sacrés.
Les bobèches en flammes des arlequinades rituelles,
Exquisées aux bougies de la Loge.
Toumaî, Ororin , déjà, languissaient du jour
crémeux.
Leur réveil ourdi dans la grotte,
Ne procrastinait plus la lumière.
La parade de brillance rituelle
Octroie, en basse prétention de bois sec,
La lumière : complaisances de carton :
A la voûte étoilée, dans l'humeur verticale
Des piliers aux trois muses cachottières.
Sur les plateaux de mince lignée aussi.
Pour que nul n'y pourvoit en brisure de devoir,
La lumière de la Loge crachotée en belle expertise,
Règne sur les tournis lumineux des adeptes ;
Carrossée de quête amoindrie
Par la célérité des vœux de commensalité.
La Lumière de la Loge, en ligne du milieu, grosse
d'espoirs
Déroutés, s'insinue peu dans les cavités
Déssacrées des adeptes en offrande d'agapes.
Les crampons des rayons lumineux, s'autorisent,
Avec gêne, aux joies délavées de l'esprit en
guinguette.
Mais les coffres de braise et de tisons s'ouvrent

À ceux qui vitupèrent, en amour consenti, leur vie
décatie.

De falot en fanal, on claudique, on trébuche
Dans le hagard de la Lumière, un jour, un soir.
Les graminées précoces des étoiles de lumière
Germent aux têtes penchées et pieuses.
La soumission de Jésus dans les christophores des
étoiles,
Comme un guide-âne insatiable ? Point :
La Lumière torturante de Jésus crucifié par son père
Jette le sadisme aux huis de l'oubli.
Car dans le brio des flammes, la couleuvrine
Lance des éclairs de couronnes spirituelles
« Qui habillent, pauvres et malandrins de manteaux de
velours »[1].
La lumière est vêture
Sur son chemin balisé de torches claires,
L'initié se lève dans l'espoir de lumière.
L'oiseau de feu ramage ses éclats sur l'esprit
ensorcelé.
Pas un orpaillage doucereux, non, une ribambelle de
flambeaux.
Ils éclairent la Voie maçonnique de serres douces,
Avec l'échancrure de la béatitude
Constellée de belles espinguettes
En bordure des stridulations de mes Frères,
Je ressens, je m'émeus, je m'apprête et jure,
En luminosité captive d'esclavons,
La promesse d'une quête de mon Être.

---

[1] *Qui habillent...velours* .Frère, Sœur, tu auras reconnu un extrait de *Ne me quitte pas* du grand Jacques (Brel 1929)1978).

« *J'ai longtemps habité sous de vastes portiques*
Que les ciels marins teignaient de mille feux »[1]
Grand temps, à l'orée de la magie principielle
D'oser aller plus loin, plus haut
Vers l'éther du delta rayonnant.

Dans les vibrations ondulatoires de l'univers,
Je vais, le regard en gésine du rapt merveilleux.
Le rock and roll spirituel mijote mes fulgurances :
L'UN, la Lumière, le TOUT, en arrêt respiratoire.
Les écoinçons des voûtes lumineuses sacralisent
l'UN qui s'élève dans les vastitudes des corps et des
cris.
La lumière dans l'étreinte éblouie du regard
Rançonne les brigands et e »xalte les quêteurs.
Les étoiles d'éclaboussite endorment
En apothéose de verveine, l'initié extasié.
Elle le brûle de tendresse vouée.
À l'instar des oiseaux épris d'amour
Qui flambent dans les flammes du Simorgh
De redoutance et de jouissance et perdue.
L'Orient éternel ? S'y perdre en abolition
Du mystère mortel d'éternité.

Lanterne et quignon à la main, je cherche toujours,
Hors mes lointains de chair pauvre et fière,
Dans la mazurka de la file des jours tangibles,
La Lumière.

---

[1] *J'ai longtemps...feux :* Le début de ce poème prenant de Charles Baudelaire
(1821-1867), *Vie antérieure.*

« *La Lumière est-elle éclairage ou but inaccessible ?* »
L'UN. La conférence des oiseaux qui brûlent d'amour
dans la lumière du Farid al-Din Attar 1177 (1142-1220)
La huppe, le Symorgh, oiseau-roi mythique.

« *De quelque mot profond tout homme est le disciple* ».
Victor Hugo

« *L'Être quand les images du moi sont confondues* »

Trois points

Dans le silence blanc des hautbois sans anche,
Invite des paroles hiératiques
Pour que soient descellées les portes du sacré
Les maillets tapent trois fois aux tympans décrassés :
Le soin, la loi et moi.
Le désir, la peur et le repos ;
Le rire, les larmes et le sceau des lèvres
Clairon rieur des voix unes et ramassées
Dans le claquement sec
En giclée d'échos.

La détente crispée des mots égrenés
Dans la vacuité des têtes offertes.
Au concassage du tracé,
Tu aimes la tenue girondine.
La coagulation des phrases courbées sous l'obéissance
Engrange les moissons du plaisir
La parole ? Ils te la donnent.
Et toi, prédateur de l'improbable,
Tu la prends, monde de jouissance.
Mes Frères, je suis nu devant vous
Et vous tends, dans nos miroirs de vérité,
Mon âme cabossée.
Les volutes erronées de mon cœur partagé,
L'autre, moi, elle, moi, lui…
Sarabandes des reflets.
Les fils dorés de nos phrases intertissées
Dans la confiance aux mains ouvertes et vides
d'abandon.
Colibri calibré aux gouttes de Fraternité

Les anneaux de la chaîne, durs, se délitent ;
Mais les lacs d'amour persistent ;
En veille des ombrages de nos cœurs
Ce n'est qu'un au revoir, mes Frères…
Trombone sonore des voix d'hommes,
Agrippées aux flatulences écornées
Des ventres qui respirent.

Trois points de carte d'identité profane :
Les « Frères trois points » veillent
En dictatures mal inspirées, claudicantes,
Pour une paranoïa de cloque transparente.
Trois points, aussi les mystères
De la reptation initiatique démuselée.
Trois, nombre qui se fourvoie dans les brumes
D'une spiritualité pour agir.

La Loge, le monde et moi,
Intercesseur d'enflure missionnaire
Par la relation pontale, d'arc d'harmonie.
Le triangle paie sa redevance sacrée
Aux trois points en soif d'alignement.
La proportion divine, endiablée
Couvre le delta de paillettes de nickel.
Aux timides gémissements de la Loge
Encartée dans les symboles de surface en toc,
Le Frère fouille, en frénésie d'aventurier,
Les triangles apeurés des gâbles et des tympans
De son temple intérieur évanescent.

Il dit, écoute, se tait
Il enlace enfin. Et se retire…
Qui ?
Le prophète en sa masure,
Ni nu, ni vêtu.
En trois points,
L'esprit !

Une Voie libérative

En hautes jonchées d'arcanes diamantins,
Par les ocelles clignotants des intuitions
D'arias spirituelles enfouies et déjasées,
Notre Voie grosse de millepertuis des plaisirs,
De lacs d'affections en Fraternité de redingote,
Attend sur les quais de sagesse,
Les bagagistes entourloupés de victuailles
grandioses.
Parmi la cohorte porteuse, plusieurs ouvrent
Leur bagage habillé de misères folles ;
Princesse, dame d'atour, courtisane ou maîtresse,
La Voie tire le bandeau et suspend dans les brassées
d'air,
Sa délicatesse, en bric à brac d'élévation là-bas.
Mastoc, pataud, lourdingue,
L'esprit du Franc-maçon tète, en connivence
salutaire,
Les symboles, les mythes, le rituel.
Ils le conduisent en fumées chauffées d'espoir,
Vers le sens, un sens, son sens.
Taffetas bleu de Loge, organdis cramoisis, velours du
sein :
Le sens exorcise la vie et l'accouche
En affabulations de sagesse, en tendresses
arachnéennes.
Tout à la fois : Toujours pas là et dans le combat.
Les jougs intimes sautent ces énergumènes de
papiers.
L'initié contemple sa nudité de Thanatos, de Mars et
d'Eros.

Il perd la tête, il s'éloigne, il embrasse,
Les mendiants en rondes fracassées,
Sur le chemin de canopées aux frondaisons de
déboires,
La bise à Zappy, reine d'un jour, salut Madame
Michu !
Valse lente en ivresse des totems
Synallagmatiques.
Car chacun doit à l'autre le levain de la fécondaison.
« Franc maçonnerie libérative »
Avec la Voie, l'humus écaboui de nos chants des
caves
Pousse les roses et les épines, reconnues comme
telles,
Vers les empans lointains mesquins et divins
De la Liberté.

Ses enfants julottent de joies et de grand air vague :
Ils épluchent : Libérable, libérée, libertaire ;
Libérative enfin en grande lignée
Pour ramasser des mots en quête de parents :
Les formerets, les voûtes à quatre ou six pans,
Les colonnes, les arcs en longue nef…
Oisellent la maçonnerie opérative.

Les heurts, les percées, les saletés, les aurores
Comme les dénichages d'éternité,
Tâtonnent, s'assemblent, se disent et se contredisent,
S'affaissent en obédiences, en conflits
croquignolesques
En esquintant le cherchant avéré ou aviné.
Elle boite, la Franc-maçonnerie spéculative,

Maîtresse aux deux amants rubiconds :
Elle furette ci et là, elle décrète des lois :
Le rituel est le noyau ; le social est notre lot.
Des turlupinades défaillantes dans les augures
royaux.
Dans chaque camp, les chantres apaisent
Les vertugadins du soir pour de brèves inquiétudes.
Le lait peut être bon : la laïcité étanche
Les soifs des guigneurs de tolérance rousse.
Le legs faillit s'évanouir, en décomposition, sous les
lazzis.
Car des deux chemins, les Frères, en désunion
Se jettent des brouets d'acidité et d'ironie.
Mais en quelques décennies balbutiantes et
trépidantes,
Le spectre fantômal de la Voie re-jouit dans les
esprits,
Dans les carabistouilles des fuselages savants.
Ite missa est ! Le génie radoube ce qui est épars.
En 2002[1], fusion esquissée,
De la porosité titanesque, velue et inexplicable
Des arcanes en spiritualité et des actes en réalité.
Ainsi naquit la Franc-maçonnerie libérative.

En forte devise irracontable et obtuse,

---

[1] 2002 année où la quasi -totalité des obédiences françaises signa un manifeste dans lequel la spiritualité et la société forment l'idéal de l'Ordre : *A l'écart des controverses partisanes, engagées dans une démarche initiatique qui émancipe les consciences, les Obédiences maçonniques françaises affirment en commun : La primauté d'un parcours équilibré entre démarche initiatique, pratique d'une méthode symbolique et engagement citoyen et social*

La Maçonnerie libérative, sous les lourdes pesances
d'envol
Des cieux frangés d'avenirs, de calamités, de
sorcelleries,
Aplatit l'évidence qui chatouille le génie
Des Maçons saouls, repus de sage bombance :
Que la Franc-maçonnerie libérative se noie
Dans la tourbe foutraque des pèlerins !
Qu'elle graillotte son emblème et fonde le plomb en
or.
Enfin elle coince, en quatre mots, sa foi :
Une spiritualité pour agir.

La Voie libérative risque de s'engoncer dans les
justaucorps
Des comités, des traités, des bardes et des factions.
Alors elle libère : l'initié sera, ici ou ailleurs, libéré ;
Tout Homme est libérable,
Tel qu'«En lui-même l'éternité, enfin, le change[1] ».
Libertaire, il s'échappe de la pyramide des
puissants ;
Il crayonne sur le parchemin envieux de l'histoire
Les réseaux qui grenouillent, s'arcboutent
Dans l'entraide, et se parent
Des virevoltes des notes intimes et tendres.

---

[1] *Tel qu'en lui-même…le change* : Merci Stéphane (Mallarmé) pour avoir écrit
ces 36 mots (6+3=9) dans Le tombeau d'Edgar Poe.

Libérative, en trois points :
Libération, pour chacun, de ses vilenies, veuleries,
De son alchimie qui les transmute
En joliesses et caresses dans le muselage averti.
Liberté, égalité, fraternité !

L'illusion racinaire

Je regimbe, badigoinces serrées en offrandes
captives.
La folie de l'histoire maçonnique
Apprêtée de limes fines et de soutiens vassaux
Ravit les Francs-maçons en quête de l'altérité du
réconfort.
D'où venons-nous ? Sarabande métaphysique,
Dans les tonneaux secs et chuintés de l'avant nous.
La Voie maçonnique est une péronnelle :
Elle affirme : Je n'ai pas besoin d'histoire
Des voiles légers et soporifiques des racines.
J'ignore les dates et je n'ai cure de clefs
De lecture ancienne ciselée et gauche.
Templiers, chrétienté, Rose-croix, Collegia
fabrorum…
Billevesées de la datation importune.

« Toi, René[1], tu t'égares dans les boursoufflures
épiques
Quand tu badigeonnes la Voie universelle, si
humaine,
De je ne sais quel fantôme hiératique et éructé :
La Tradition primordiale, en bénédiction ourlée de
l'humanité ».
Les arcanes sacrés, en fontaines inconscientes,
Nous fourmillent la tête et le corps.
Mythes, rites et symboles se vendent dans les
lupanars amoraux,

---

[1] *René :* René Guénon (1886-1951), ésotériste célèbre. Plusieurs Francs-maçons s'y réfèrent comme d'une autorité indépassable.

Ils surgissent comme de lents diables
incompressibles
Qui effraient et ravissent les foules.
Elles larmoient, en prières orchestrées,
De Toumaî[1] à toi, mon Frère, ma Sœur.
Les millions d'années font recette, je le présume.
Adam ? Mais oui ! En symbole de nous, accompli.

Le mol oreiller du fantasme de parents de haut
lignage
Peuvent abreuver des initiés sincères.
Il endort le cherchant au maillet rageur uni au ciseau
sage,
Dans les coques concassées aux carrières de craie.
Pas d'histoire qui caracole dans les buissons
délétères !
Car j'entends ouï-dire, en ritournelle :
La vérité est au fond du puits.
Rumeur frottée aux rudesses ébahies de la quête
spirituelle.
Or massif : *Connais-toi toi-même !*
Pour que lèvent en toi les palinodies sacrées
De l'humain en ta nudité.

---

[1] *Toumaï* (« espoir de vie ») : Ancêtre des homo sapiens. Il y a sept millions
d'années.

La descente médullaire

Je regimbe, badigoinces serrées en offrandes captives :
Dans nos tenues, sus à la raison qui obscurcit
La Fraternité, pierre ouvrière de notre Voie:
Un argument logique, un savoir, l'expertise, l'intellect
Jouissent dans l'excès, faiseur de matriochkas de papier.
Le tableau d'honneur des soumissions universitaires
Est décerné aux adeptes roulés dans la farine du cabinet.
La géhenne des retroussis rationnels, fard de nos sens enclavés ;
Le déboulis de dégringolades d'école, avachies,
Ne fredonnent pas la belle ordonnance
Des coulures de larmes et de rires,
Dans les rituels assumés au Rite de Fraternité.

S'exprimer de guingois, flotter dans les arguments,
Bafouiller, zézayer, chuinter et rocailler
Forcent certains dans les geôles d'humiliation.
En lettres de feu interdites, blasonnées,
Pas d'épicier, de manœuvre, d'employé…
Le marteau-piqueur ne fera pas trembler la Loge !
« Rodrigue as-tu du cœur ? »
Demande Don Diègue à son fiston.[1]
Victor, nous tance en gloire, en fin esthète :
« Et tout le grand ciel bleu ne remplirait pas mon cœur »

---

[1] *Rodrigue…cœur?* Qui ne connaît ? Dans le Cid, de Pierre Corneille (1606-1684)

Écoutons-les : l'émotion est la clef des arcanes sacrés[1].
Elle est la moelle, la descente médullaire donc,
Vers le chœur des Hommes éveillés.

La carboplastie de la sensibilité ?
Six vibrations en grand arroi[2],
Qui nous enveloppent de tissus peaufinés.
Voici ces cliques dans ses émois sautillants :
L'émotion est notre vrai guetteur.
Pas la raison, cette fille sèche ;
Elle coule dans les méandres logiques
Des démonstrations et des manipulations.
L'émotion, c'est le détective de nos filatures d'initiés ;
Elle allaite les résonances de la chair ;
Elle crépite en coups huilés et lourds

Au vantail de la conscience.
La raison d'oublieuse perversité, la travestit
Parfois en suspens de la délivrance d'émois libératifs.
Les belles carmélites au teint bistre
Psalmodient les arguties émotives,
Par le sas de la déchirure du voile d'Isis.

Savoir appeler par leur nom
Les émotions qui nous baignent sans cesse ;

---

[1] Le rôle fondateur et primordial de l'émotion fut démontré par Daniel Goleman (1946) au point qu'il considéra que, bien plus que le QI, l' «intelligence émotionnelle » a plus de poids dans la recherche de la réussite et du bonheur. Puissante remise en cause pour des Français !

[2] La roue des émotions, arrêtée par Robert Plutchik (1927-2006) est une référence jusqu'à aujourd'hui. Elle se compose des huit émotions de base. : la joie, la peur, le dégoût, la colère, la tristesse, la surprise, la confiance et l'anticipation. Elles se rejoignent en paires de trois niveaux, d'intensité progressive.

Palette multichrome en teinte de Fraternité.
En tenue, s'aimer et aimer l'autre
Exige la dénomination noétique.
« Monte en moi, trésor et crapule terrés.
Je te dirai ton nom, sans roublardise. »
L'envie, c'est elle ! Je la ressens, en pores dilatés.
Elle me débusque à l'orée de mes grandes gênes :
« Oui, ici, tu crèves d'envie mais
Tu manigances un refus aux feux éreintés !
Va plus loin ! »
Sonné, je ne peux plus balourdiser :
L'envie et la triche, je les pousse,
Je dois les aborder en recul corsaire.
Ce recul est seigneurial : je mène la danse.
L'intelligence maniérée file dans les greniers
poussiéreux,
Saturés de noyades floues, philologiques.

Mais l'échelle du chevalier Kadosh
Pousse au cul pour, encore, aller plus loin.
Finis les encartages détroussés de leur authenticité !
Se mettre, en plus, à l'horloge des émotions de son
Frère, sa Sœur ;
De leurs émotions en débandade,
Leurs fastes avérés s'anéantissent en résonances
adverses
Les clepsydres battent la mesure des affections
dégoisées, débusquées
De l'autre et je le reconnais pour tel, en carte
d'identité.
Ses déclarations savantes en tenue ? Moquerie !
Même ses avis ! Ce qu'il transpire et dégage,

Ressent, avoue dans la passoire des mots,
Pousse l'ascension des Frères vers l'étoile.
Les comportements se dévergondent au jour,
Sur la puissance des émois nourriciers.

Devant les vantaux de la Loge
Les casaques encagoulées aux bruits acrimonieux.
Les racines médullaires, orgues faramineuses
Des tourneboulis des émois, chavirent.
Elles bouquettent les fleurs ignorantes
De leur tige acérée, saturée d'émotions.
Les trois baisers claquent, pour sûr, mais en
messages spécieux ;
Ils rugissent dans les creux sonores,
Dévastés des trous d'affection et de peste.
Voici les bourlingoses, d'amour-propre,
De complaisances d'altérité.

Au Couvreur, La Voie crapahute les pentes des
cimes fraternelles.
L'affection fraternelle vêt peu à peu la tenue,
Insinuante détraque des émotions médullaires.
L'amour est une folie de l'échange,
Jargonne Théognis de Mégare[1].
Dans la débandade de leurs émotions de
cheminement spirituel,
Les adeptes font sauter leurs humeurs
Sur le strapontin des effluves changeantes.
On n'est plus raisonnable, les moulins par-dessus la
tête.

---

[1] Théognis de Mégare : Poète gnomique élégiaque
. Vers 540 avant J.C.

Le rituel organise le chant des sirènes.
Il demande la parole, se lève
Et plastronne parfois dans le carbonate des luisances
envieuses.
Les portefaix aux étendards à la mode doivent sortir.
Les symboles, les mythes déploient
Leur carapace friable et chanceuse de joie.
Folies vives et muselées, loin des clichés de la
pensée.
Mon Frère, n'est pas Monsieur.
Quand l'amour arrive, la raison s'enfuit aussitôt.
Elle ne peut cohabiter avec la folie de l'amour[1].
Les tenues peuvent être un athanor.
Pour lui, pour toi, pour elle, pour soi…
Une tenue, le canard en bandeau ;
Une autre, le tour de colin maillard.
Canard ou colis, c'est tout un :
Le lent et doux dérèglement des sens.
Notre Voie de Fraternité y pourvoie.
La lumière guignée réclame son péage.
L'amour sans une certaine folie
Ne vaut pas une sardine[2] !
Pêchons !

---

[1] Sentence de Farid Al-din Attar, poète mystique persan, mort en 421. Il est l'auteur du magnifique Cantique des oiseaux.

[2] *L'amour…sardine* : La formule fait mouche. Merci Frédéric Nietzsche (1844-1900).

La transmission ancillaire

Je regimbe, badigoinces serrées en offrandes
captives.
« Surveillants, aux colonnes amenuisées en votre
esprit,
Donnez le la, le suc de la quête maçonnique,
Telle qu'en elle-même, l'éternité la change[1].
Nanti du jus de ton expérience,
Tutoré par de forts dictionnaires inassouvis,
Vous leur « enseignez » notre Voie sans contours.
L'aveu est dans ce mot crapaudin , aux orteils
déclassés.
Tout Français naît professeur, assure-t-on.
Les Francs-maçons versent l'eau du savoir
Dans le tonneau de roublardes Danaïdes.
Elles sont les filles assassines des chorégraphies
De la moderne pédagogie des adultes :
Chacun, en descente pétillante et hasardeuse,
Est un orpailleur de son esprit et de son corps
enfumé.
Les Surveillants, en pieuse dévotion, rameute
Apprentis ou Compagnons.
Ils verseront l'eau dans leur tonneau fuité
Dans le risque chatouilleux des placages plâtreux.
La bouche bée devant l'asticot des savoirs,
Ils boivent la relation ancillaire qui « enseigne ».
Complice sans malice des litanies érudites.

---

[1] *Telle qu'en elle-même l'éternité la change* : Grimace à Stéphane Mallarmé,
aux vers frappés dans le vermeil.

Les idéologies en réflexes, inondent des Surveillants
Ceux qui professent dans les vertus de la soumission
du disciple
Comme ceux, croyants niais en leur ancienneté
rubiconde.
L'histoire de l'Ordre est transmise, muselée,
cadenassée
Dans les lambeaux péripatéticiens des historiens.
On sait d'où l'on vient ; on oublie son chemin. Ah ?
Une autre fois, la raison brise le joug du plaisir
salement écorné.
« Surveillants, pourquoi démontrer, dénoncer les
hasards,
Arborer les arguties, prouver en haute définition,
Dans la piteuse momification des savoirs et des
arguments ? »
La raison fait mal l'amour avec notre Voie !
Vil poignard qui émoussette les errances de la
descente
Dans les régions de la spontanéité des émotions.
L'émotion est antédiluvienne,
Honnie dans les grands sarcasmes de Maîtres
confirmés.
Elle brille, bâton de pèlerin, canne du Compagnon
Pour aller plus loin

Un professeur, des élèves ébaubis qui n'en peuvent
mais.
Et vlan ! Voltige le nombre Trois de si haute
ascendance.
Il serre les pores et les mandibules de ceux,
Enlisés dans l'apprentissage aux fourches caudines.

Pourtant, humains, ils peuvent gigoter
Dans le couloir rigolo et pensif des questions
retournées alentour.
Silence ! D'accord dans le miel sucré de la tendresse.
En tenue

L'instruction maçonnique ordinaire, universitaire
Un obus enfoui qui flingue l'espace d'une formation
adulte ;
Une calibration pesante de chouettes assoiffées
d'orgeat.
Une planche : l'obus pète en gerbes ressassées
De raison, savoirs et plan roides et figés.
Les masques son rivés : pas de pleurs, pas de rires.
Le temps des questions, oui, mais
Dans le babil des musaraignes blotties
Dans leur toison de surplis mordoré.
Ainsi les colonnes ronronnent au confort
Des choses manigancées par les héritages
Des fourches caudines des pupitres en bois.
Vienne l'heure des volailles causeuses.
Coups de bec et carabistouilles aimants.
Une tenue : une délivrance dans le lacis
Enchevêtré du caquetage des poules brunes.
Frères, Sœurs, parez-vous des organdis
Des ramages d'émotions avouées
Du ventre, du cœur.
Alors, dans le mitan des mots décrispés,
Se rengorge et se plume en douceur
La Fraternité.

Sommaire

Edité par les éditions LOL

www.editions-lol.com